Durch dick und dünn

URSULA UND DANIEL HOFER

Durch dick und dünn

Bibliografische Information der Deutschen Nationalbibliothek:
Die Deutsche Nationalbibliothek verzeichnet diese Publikation in der Deutschen
Nationalbibliografie; detaillierte bibliografische Daten sind im Internet über
http://dnb.dnb.de abrufbar.

Druck und Verlag: BoD – Books on Demand
ISBN: 978-3-7448-9831-7

Inhalt

VORWORT

Als ich das Buch »Tragen und Getragen« fertig hatte, bekam ich bald wieder Sehnsucht weiterzuschreiben. Ich wollte mich nicht erneut an ein schweres Thema wagen und entschied mich, Erlebnisse aus meiner Kindheit zu schildern. Wenn ich sie Daniel vorlas, amüsierte er sich köstlich und ermutigte mich weiterzumachen. Irgendwann stand der Entschluss fest, die Geschichten aneinanderzureihen und daraus ein Buch entstehen zu lassen. Im Dezember letzten Jahres hatte ich den Text bis zur und mit der Geburt von Livia geschrieben.

Da wir dieses Jahr beide sechzig Jahre alt werden, steckte ich mir das Ziel, das Buch bis zu unserem runden Geburtstag fertig zu haben. Aber ein wichtiges Kapitel fehlte noch: Daniels Kindheit. Er nahm seine Erinnerungen auf Band auf; und das Formulieren und Zusammenstellen überließ er mir.

Die Geschichten entsprangen unserer Erinnerung. Und das ist etwas ganz Eigenes. Es kann sehr gut sein, dass unsere Geschwister oder Eltern, aber auch Freunde die eine oder andere Situation anders erlebt haben. Bei Erinnerungen bringt es nichts, von falsch und richtig zu reden. Jede Geschichte hat ihre Berechtigung und soll so, wie sie ist, stehengelassen werden.

Seit vierzig Jahren gehen Daniel und ich nun gemeinsam durchs Leben, seit 34 Jahren sind wir verheiratet. Vor ungefähr zehn Jahren, als mein Mann die Bundesverfassung las, hatte er die Idee, dass wir eine »Eheverfassung« erstellen könnten. Der Schluss lautete so:

Lebensziel: Wir gehen gemeinsam durch dick und dünn. Warum daraus nicht einen Buchtitel machen?

Das Buch ist ein Dankeschön an euch alle, die ihr mit uns ein Stück Weg gegangen seid und immer noch geht.

Dani und Ursi

Dä Daneli

Geboren wurde ich am 22. September 1959 von meiner Mutter in der Pflegerinnenschule in Zürich, glaube ich. Als dritter Sohn. Da war noch der Ernst, sieben Jahre älter, und Martin, drei Jahre älter.

Meine Eltern hatten Freude, dass nochmals ein Bub kam. So wurde es mir erzählt. Auch dass ich immer gestrahlt und gelacht hätte, hieß es.

Aber meine Geschichte beginnt ja nicht mit mir. Da sind auch noch die Großeltern mütterlicher- und väterlicherseits. Die Eltern meines Vaters kamen um 1920 nach Dietikon. Sie hatten mit finanzieller Hilfe der Familie meiner Großmutter einen Bauernhof in der Silberen übernehmen können. Er lag außerhalb des damaligen Dorfes. Heute ist Dietikon eine Stadt und den Bauernhof findet man nicht mehr: Er musste der Autobahn von Zürich nach Bern weichen. An den Namen erinnert nur noch das Industriegebiet und Einkaufszentrum Silbern. Das zweite E ging verloren.

Der Hof war heruntergewirtschaftet und die Gebäude in keinem guten Zustand. Die vier Kinder mussten alle mitanpacken, sobald sie groß genug waren. Mein Vater, Kurt, wurde 1926 als Zweitältester geboren. Er erzählte mir, dass er in jeder freien Minute mithelfen musste. Früh am Morgen nach dem Melken machte er sich auf den weiten Weg in die Schule nach Dietikon, natürlich zu Fuß. Kam er am Mittag nach Hause, konnte es sein, dass er noch rasch bei der Kartoffelernte half, bevor er wieder in die Schule musste. Im Sommer kam die Heuete und Emdete dazu, im Winter die Arbeit im Wald. Das war keine einfache Zeit, weder für die Großeltern noch für meinen Vater und seine Geschwister. Doch sie schafften es, sich eine Existenz aufzubauen. Da habe ich große Achtung vor meinen Großeltern und auch vor meinem Vater, der sie unterstützte.

Da er das Ziel hatte, den Hof zu übernehmen, besuchte mein Vater die landwirtschaftliche Schule. Bald lernte er »s Martheli« kennen – soviel ich weiß, an einem Trachtenabend. Meine Mutter war immer wieder krank. Mal hatte sie Gallenprobleme und konnte nicht alles essen, was sie wollte, mal machte ihr etwas anderes zu schaffen. Ihre schwache Konstitution war auch der Grund, dass Vater den Bauernhof nicht übernahm. Martha hätte ihn nicht in dem Maß, wie es notwendig gewesen wäre, unterstützen können. Bald wurde ihm die Försterstelle in Dietikon angeboten. Er sagte gerne zu und stieg mit seiner Erfahrung im Holzen als Bauer in diesen Beruf. Es gab damals keine Ausbildung zum Förster. Was er noch brauchte an Wissen und Können, eignete er sich in Holzerkursen an.

Meine Großmutter mütterlicherseits war auch aus Dietikon. Sie war im unteren Fahr aufgewachsen, nahe der Silberen. Ihre Eltern besaßen einen Gasthof mit Fährbetrieb über die Limmat, und da sie eine gute Fischküche hatten, sprach man im Dorf nur von »Fisch-Bachmes«. Das »Fahr« war bis zum Zweiten Weltkrieg die nächstgelegene Telefonstation des Flugplatzes Spreitenbach, den es in der Nähe gab. Wenn ein Anruf für den Flughafen kam, musste ein Meldefahrer die Botschaft übermitteln, wieder zurückkehren und die Antwort melden.

1920 verkauften die Eltern die Wirtschaft und erworben ein Haus an der Neumattstraße 15. Im gleichen Jahr heiratete meine Großmutter Ernst Ungricht, der von allen der »Grachappi« genannt wurde. Er besaß einen Bauernhof an der Bühlstraße mitten in Dietikon. Als das Dorf wuchs, konnte er Land verkaufen und mit dem Geld Mehrfamilienhäuser bauen. 1960 hörten sie mit Bauern auf, da es wegen der großen Bautätigkeit immer weniger Boden für die Landwirtschaftsnutzung hatte. Land, das sie gebraucht hätten, um auf einen grünen Zweig zu kommen. Mein Großvater hat nie einen Traktor gekauft, sondern bis zum Schluss mit Rossen gearbeitet.

Wie ihre Eltern konnte auch meine Großmutter sehr gut kochen. Ihre Fischgerichte waren ein Traum. Bei ihr gab es sogar Aal zu essen. Sie war eine lebendige, offene Persönlichkeit. 1930 gründete sie den Trachtenverein in Dietikon und ist noch heute als Verfasserin von volkstümlichen Gedichten und Theaterstücken bekannt. Aus Erzählungen meiner Tante Margrit weiß ich, dass während der Kriegszeit ihre Haustür immer offen war und Soldaten bei ihnen übernachteten. Das Feuer im Herd sei nie erloschen, damit zu jeder Zeit eine Suppe oder sonst etwas Essbares für Bedürftige oder die Soldaten gekocht werden konnte. In diesem Rahmen wuchs also s Martheli, meine Mutter, an der Bühlstraße auf. Ihr Geburtshaus steht immer noch, da es unter Heimatschutz gestellt wurde. Martha war die älteste von zwei Töchtern. Ihre Schwester hieß Margrit und war vier Jahre jünger. Nach der Schulzeit machte sie ein Welschlandjahr und arbeitete eine Zeitlang auswärts. Doch in der Regel half sie zu Hause auf dem Hof, bis sie meinen Vater heiratete.

Als Vater und Mutter 1952 heirateten, konnten sie das renovierte und mit einer neuen Küche ausgestattete Haus an der Neumattstraße 15 beziehen. Luxus wie eine Waschmaschine, ein Kühlschrank und ein Rotormixer gehörte auch dazu. Sonst war alles alt. Heizen mussten sie mit Holz. Doch nur im Wohnzimmer war es in der Regel warm. In meinem Zimmer stand schon ein kleiner elektrischer Ofen, aber der wurde kaum gebraucht, weil der Strom damals sehr teuer war. Das Zimmer von Martin war das kälteste im ganzen Haus. Dort konnte man nichts machen, da war man einfach und fror oder schlüpfte unter die schwere Bettdecke. Jeden Abend füllte Mutter drei Bettflaschen mit heißem Wasser, damit wir wenigstens die Zehen wärmen konnten.

Einer unserer Nachbarn war die Firma Planzer. Wenn die schweren Lastwagen vorbeifuhren, zitterte das ganze Haus. Ebenso, wenn der Zug Zürich–Bern – gegenüber unserem Haus – vorbeibrauste, bebten die Wände. Beim Elf-Uhr-Zug am meisten. Das war der TEE-Zug (Trans-Europ-Express) nach Amsterdam.

Am allerschlimmsten waren aber die Flugzeuge. Wenn eine Caravelle oben vorbeiflog und ihre schwarzen Streifen am Himmel zog, war es so lärmig, dass wir die Stimme des anderen nicht mehr verstanden und das Geschirr auf dem Tisch schepperte.

Mein liebster Ort war die Stube. Da spielte ich nach Herzenslust. Mal mit der Briobahn, mal mit Legos. Zu Weihnachten bekam ich manchmal kleine Autos geschenkt, die mit einem Elektromotor fuhren. Sie waren aber nicht lange ganz. Ich zerlegte sie in alle Einzelteile. Mit dem Motor, einer Batterie und einem meiner eigenen Legoautos bastelte ich so lange, bis das Auto fuhr. Noch heute erinnere ich mich an den Stolz, den ich beim Gelingen fühlte. Sehr gerne hielt ich mich auch in der Werkstatt auf. Da zimmerte ich zum Beispiel Garagen aus Holz für meine Autos zusammen.

Als ich einmal bei meinem Götti in den Ferien war, lernte ich einen Bumerang zu basteln. Als ich nach Hause kam, beschloss ich ein Bumerang-Geschäft aufzutun. Ich sägte, feilte und lackierte tagelang, bis ich zehn Stück hergestellt hatte. Ein Bumerang kostete fünf Franken und meine Kollegen kauften sie mir tatsächlich ab.

Meine Brüder und ich sammelten auch Briefmarken. Stundenlang studierte ich den Zumstein-Katalog, verglich meine Briefmarken mit den abgebildeten und wusste so genau, was jede einzelne wert war. Am freien Nachmittag traf ich mich mit meinen Schulkollegen und wir zeigten unsere Schätze, feilschten und tauschten, jeder natürlich mit dem Ziel, sich einen Vorteil zu verschaffen.

Einmal schnitt ich aus einem Katalog eine Züri-4- und Züri-6-Marke aus. Das sind die ersten Marken, die es im Kanton Zürich gab, sogar noch ohne Zacken. Ich klebte sie auf einen Briefumschlag und schwärzte ihn so lange, bis er alt aussah. »Werden meine Kollegen darauf hereinfallen?«, fragte ich mich. Am nächsten freien Nachmittag traf ich mich mit Thomas.

Er stürzte sich sofort auf den Brief und meinte: »Wo hast du den her? Ist der echt?«

Ich tat so, als hätte ich von Tuten und Blasen keine Ahnung.

»Gibst du mir diesen Brief? Du kannst dafür zehn Marken von mir haben«, sagte er.

»Ja, weißt du, ich möchte ihn lieber für mich behalten«, antwortete ich ihm. Thomas biss an. Jetzt hatte ich ihn an der Angel!

»Ich gebe dir noch zwanzig Marken dazu!«

Wir verhandelten so lange, bis ich die Hälfte seiner Schätze in der Hand hielt. Stolz trug er seinen »wertvollen« Besitz nach Hause.

Am Abend klingelte das Telefon. Ich hörte, wie mein Vater sich mit »Hofer« meldete. Dann sagte er lange nichts mehr und meinte dann: »Ja, das ist nicht in Ordnung. Ich werde dafür sorgen, dass Daniel die Marken zurückgibt.«

Natürlich musste ich Thomas alles zurückgeben und mich bei ihm entschuldigen. Ob es vom Vater auch noch eine Strafe gab, weiß ich nicht mehr.

Häufig kamen die guten Ideen, wenn ich schlief. Einmal wollte ich unbedingt Fallschirmspringen. Ich nahm aus dem Kasten ein weißes Leintuch und kletterte auf den Nussbaum. Ich stellte mich auf einen dicken Ast und hielt das Leintuch an zwei Ecken fest. Eins, zwei, drei und los ging der Flug. Kurz war er und die Landung ziemlich schmerzhaft.

Mit Martin und Ernst zusammen baute ich eine Seifenkiste mit Kugellager! Warum nicht ein Segel aufspannen, damit die Kiste von alleine fährt? Ich holte wieder mein Leintuch, bastelte ein Gestell zusammen, um das Segel aufzuhängen, und setzte mich voll Erwartung in die Seifenkiste. Schon sah ich mich in einem Karacho durch die Straße flitzen. Doch das Leintuch hing schlapp im Gestell und nichts bewegte sich. Auch mit Wind funktionierte das Ganze nicht.

Unser Garten beim Haus war prädestiniert für Erlebnisse aller Arten. Meistens trafen sich die Kinder der ganzen Nachbarschaft bei uns. Wir spielten Fußball, organisierten Olympiaden im Sommer wie im Winter. Vom Sommer weiß ich nur noch, dass wir zum Beispiel über Heuhaufen springen mussten, über die »Schöchli« oder mit unseren selbergebastelten Pfeilbogen auf eine Zielscheibe schossen. Im Winter gab es damals ziemlich viel Schnee. Einmal entstand eine riesige Schneehütte.

Mit Kisten bauten wir Türme, bepflasterten sie mit Schnee und fuhren mit Ski oder dem Schlitten die Schanzen hinunter. Einmal wollte ich für eine Olympiade auch ein Eisfeld herstellen. Ich stampfte den Schnee auf einem Viereck, bis es eine Fläche gab, bespritzte sie mit Wasser und hoffte, dass sie gefrieren würde. Aber die Arbeit war vergebens. Es klappte nicht. Aber wir hatten den Marmoriweiher, der am Rand von Dietikon lag. Sobald die Eisschicht dick genug war, konnten wir dort nach Herzenslust Schlittschuh laufen und Eishockey spielen. Wenn Schnee lag, mussten wir das Eis zuerst selber freischaufeln. Da wir auch keine Schläger hatten, bastelten wir sie uns selber: Ein langer Stecken, unten ein Brett so hingenagelt, dass das Ganze wie ein richtiger Eishockeyschläger aussah, und los ging der Spaß. Mit blaugefrorenen Füßen, aber von ganzem Herzen zufrieden, kehrten wir beim Eindunkeln von unseren Schlachten nach Hause zurück.

Wir drei Brüder bekamen als Kinder große Freiheiten zugestanden. Dietikon war noch ein Dorf. Ich hatte das Gefühl, alle zu kennen. Die Großeltern und Verwandten waren zu Fuß erreichbar. Die Nachbarn an der Neumattstraße kannte ich sogar mit Namen. Ich fühlte mich geborgen und zuhause.

Ein grosser Verlust

An einem Abend im Juni 1964 lagen wir beim Mueti im Bett und sie erzählte uns eine Geschichte. Nachher gingen wir schlafen.

Am nächsten Morgen war alles anders. Vater kam zu uns ans Bett und mit Tränen in den Augen sagte er: »S Mueti isch hüt z Nacht gstorbe.« Ich konnte im ersten Moment gar nicht richtig verstehen, was das bedeuten sollte. »Chömmet, leget oi aa, denn chönd er sie go aaluege.«

Da lag sie. Still, mit geschlossenen Augen, in den Händen einen Blumenstrauß. Aber das war nicht mehr meine Mutter. Die war doch warm und hatte ein Strahlen im Gesicht. »Jetzt macht sie dann die Augen auf und alles ist wieder wie vorher«, dachte ich.

Ich flüchtete auf den Balkon, stand dort und wusste mit meinen viereinhalb Jahren, dass jetzt etwas Heftiges, Einschneidendes geschehen war, das mich mein ganzes Leben lang begleiten würde, und dass nichts mehr so wie vorher sein würde.

Vier Tage lang konnten die Leute vorbeikommen, um sich von Mutter zu verabschieden. Alle brachten Blumen mit und bald erfüllte ihr Duft das Haus.

Irgendwann war die Beerdigung. Ich durfte nicht mit, weil die Großeltern dachten, ich wäre zu klein. Sehr wahrscheinlich war ich bei einer Nachbarin. Meine zukünftige Schwiegermutter hat in ihrem Buch die Beerdigung so beschrieben: *Die ganze Dorfbevölkerung begleitete Martheli auf ihrer letzten Reise. Ein grosser Trauerzug zog von ihrem Wohnhaus entlang der Reppischstrasse, weiter durch die Bühlstrasse zu ihrem Elternhaus. Vor diesem gab es einen kurzen Halt. Dann weiter zum Friedhof. Ich hörte, wie die Leute sagten:* »Das Martheli war viel zu gut für diese Welt, darum hat sie der Herrgott zu sich geholt.«

Ein paar Tage nach der Beerdigung, als ich Milch im »Lädeli« an der Reppisch holen musste, dachte ich beim Zurücklaufen: »Jetzt ist sie wieder zuhause!« Dieses Gefühl übermannte mich noch lange. Manchmal hoffte ich, aus einem Traum zu erwachen, und alles wäre wieder wie vorher. Eine schwierige Zeit für Vater und uns begann. Die Großeltern kamen zwar häufig vorbei, um nach uns Kindern zu schauen. Großmutter von der Silberen machte die Wäsche. Sie besaß auch als eine der Ersten einen Fernseher, schwarz-weiß. Wenn sie bügelte, setzten wir uns auf die »Choscht« des Kachelofens und sie erzählte alles, was sie gesehen hatte. Zum Teil könnte ich die Szenen heute noch erzählen. Sie kannte auch sehr viele Geschichten. Ich hatte sie sehr, sehr gern. Sie war mir auch am nächsten, weil sie einfach viel bei uns war. Natürlich kam auch die Großmutter von der Bühlstraße.

Sie brachte uns »Päckli« mit Mickey-Mouse-Heftchen oder mit Trudi-Gerster-Schallplatten.

Dann kam Fräulein Schlatter von der Hauspflege Dietikon zu uns. Sie machte den Haushalt, kochte und schaute, dass es uns Buben gut ging. Ich hatte sie sehr gern. Sie war etwas dick und ich konnte sie so gut umarmen. Sie füllte das Haus mit ihrer Liebe und Gegenwart, fast so wie Mueti es getan hatte. Sie rettete mich auch immer wieder vor den Streichen meiner Brüder.

Einmal schliefen wir im gleichen Zimmer. Martin und Ernst in einem Bett auf der einen und ich auf der anderen Seite des Zimmers. Ohne dass ich es merkte, legten sie eine Bocciakugel in meine Nachttischschublade. Als es eindunkelte und ein Zug vorbeifuhr, hörte ich ein Rumpeln und sah, dass bei meinem Nachttischchen die Schublade ein Stück rausgerutscht war. Ich stieß sie wieder zu. Ich hörte wohl die Brüder kichern und lachen. Aber ich dachte mir nichts dabei. Einen Moment lang war es ruhig. Der nächste Zug und wieder öffnete sich die Schublade. War die Erschütterung durch den Zug schuld daran? Ich nahm alle Bücher, Hefte und die Bocciakugel heraus und stapelte sie auf dem Boden. Auch das half nichts, die Schublade rutschte beim nächsten Zug trotzdem ein Stück heraus. Langsam stieg in mir ein ungutes Gefühl auf. Geisterte es im Zimmer? Es blieb nur noch eine Lösung: Ich zog die Schublade heraus und stellte sie auf den Boden. Zu meinem Entsetzen bewegte sie sich auch dort. Ich begann vor Angst laut zu weinen. Fräulein Schlatter kam ins Zimmer und machte Licht: »Ernst und Martin! Müsst ihr euren Bruder plagen?« Sie nahm die Schublade hoch und jetzt erkannte auch ich den weißen Faden, der an der Schublade befestigt war. Jedes Mal, wenn ein Zug vorbeifuhr, hatte einer der Brüder daran gezogen. Fräulein Schlatter schimpfte mit ihnen und befahl: »Jetzt wird geschlafen!«

Die zwei spielten mir immer wieder Streiche und nutzten meine Ängste aus. Ich fürchtete mich vor dem Keller, dem Estrich und vielem anderen. Und auch vor Hunden. Der Großvater an der Bühlstraße hatte einen großen Berner Sennenhund, einen Dürrbächler. Der bewachte den Hof. Er war oft im eingezäunten Obstgarten untergebracht, aber ich hatte auch hinter dem sicheren Zaun wahnsinnige Angst vor ihm. Wenn ich mich dem Hof näherte, bellte er so laut und »gfürchig«, dass ich fast in die Hosen machte. Eines Tages sagte Ernst zu mir: »Komm doch mal mit in den Obstgarten. Der Hund macht dir nichts.« Ich weiß nicht mehr, ob ich ihm etwas beweisen wollte oder weshalb: Ich betrat mit ihm den Obstgarten. Schon kam das schwarzweiße Ungetüm auf mich zugerannt, wedelte, bellte und sprang an mir hoch.

»Ernst, dä will mi frässä!« Aber Ernst war gar nicht mehr da. Er hatte sich aus dem Gehege geschlichen. Der Hund tänzelte um mich herum und leckte mir das Gesicht. Ich schrie mir die Seele aus dem Leib und erwachte erst aus dem Albtraum, als ich Großvaters Hand spürte, der mich aus dem Garten führte. Heute weiß ich, dass der Hund »nur« mit mir spielen wollte, aber damals entwickelte ich eine richtige Hundephobie.

1967 heiratete Vater noch einmal, Elisabeth Vogelsang. Sie war eine Kindergärtnerin. Fräulein Schlatter war wohl den Tag hindurch bei uns, aber am Abend ging sie in ihre eigene Wohnung. Vater hatte es im Wald sehr streng und darum fast keine Zeit, auch noch zu den drei Buben zu schauen. Er war auch froh, wieder eine Frau zu haben. Es wurde dann schon sehr anders zuhause, als s Großmuetti – so nenne ich sie heute am liebsten – bei uns einzog. Wie soll ich das beschreiben? Für sie war Ordnung sehr wichtig. Freiheiten verschwanden und ich musste viel schlafen gehen. Manchmal sogar am Nachmittag. Die Nachbarskinder kamen weniger zu uns in den Garten, weil ihnen s Großmuetti zu streng war.

DIE SCHULE

Ich ging gerne in die Schule, das heißt vor allem in die erste bis dritte Klasse. Da hatte ich einen Status und war ein beliebter Schüler. Beim Gruppenmachen im Turnen wählten sie mich immer zuerst. Die Noten waren auch sehr gut. Mein Zeugnis zeigte ich dem Vater immer gerne.

In der Mittelstufe wechselten die Lehrkräfte jedes Jahr. In der fünften Klasse hatten wir sogar schon nach einem halben Jahr wieder eine neue Lehrerin. Erst in der sechsten Klasse kehrte mit Frau Weber Ruhe ein. Mit ihrem strengen Unterricht schaffte sie es, dass ich auch in die Sekundarschule gehen konnte. Damals brauchte man einen Notenschnitt von 4–5, um prüfungsfrei die Oberstufe zu besuchen. Deutsch mündlich und schriftlich sowie Rechnen waren maßgebend für diese Note.

Drei Jahre Sekundarschule beim Lehrer Stäuble folgten. Eine Katastrophe! Die Noten sanken und sanken. Ich denke gar nicht gerne an diese Zeit zurück. Dafür lernte ich Markus kennen. Damals begann unsere Freundschaft, die bis heute andauert. Häufig war ich bei ihm zuhause, um Schallplatten zu hören. »Queen« zum Beispiel. Er hatte in einem kleinen Raum eine große Stereoanlage aufgebaut. Wir machten es uns bequem, er legte eine Schallplatte auf und drehte die Lautstärke auf das Maximum. Einfach so lange, bis seine Mutter uns ermahnte, leiser zu stellen.

Auch den Schulweg genoss ich sehr. Ich ließ mir jeweils viel Zeit, um nach Hause zu gehen. Einen Teil des Weges legte ich mit Vincenz, einem Schulkollegen, zurück. Manchmal rauchten wir eine Zigarette zusammen. Jedes Mal gab es zuhause ein Geschimpfe, weil s Großmuetti natürlich den Rauch roch. Aber ich ließ mich nicht davon abhalten, hie und da einen Glimmstängel zu paffen.

Jeder Bub, der vierzehn wurde, schaffte sich ein Mofa an. Ich wollte natürlich auch ein »Töffli«. Mit Sparen und der Unterstützung der Eltern konnte ich mir endlich ein Mofa der Marke Cilo kaufen. Ich hatte schon Freude daran, aber mit einem Sachs-Töff war es nicht zu vergleichen. Den musste man haben, um jemand zu sein. Nach langem Suchen erwarb ich mir einen Motor der Marke Sachs. So weit gut, aber er passte nicht auf den Rahmen meines Mofas. Was blieb mir anderes übrig, als auch ein Sachs-Gestell zu organisieren?

Unterdessen wohnten wir nicht mehr an der Neumattstraße, sondern in der Nähe des Guggenbühl-Waldes. Vater hatte schon lange den Traum gehegt, ein eigenes Haus zu bauen. Er konnte Land an bester Lage in Dietikon erwerben und ich war ungefähr zwölf Jahre alt, als wir umzogen. Das Haus war groß, jeder hatte ein eigenes Zimmer und mir gefiel vor allem die Garage. Dort baute ich mir eine Mofa-Werkstatt auf.

Aber wo sollte ich einen Rahmen finden, der zum Sachs-Motor passte? Von Schulkollegen vernahm ich, dass es in einem Tümpel, dem Gigelibodä im Guggenbüel, versenkte »Töffligestelle« hätte. Ich suchte mir im Wald einen langen Stecken und stöberte damit im Teich herum. Tatsächlich! Mit viel Mühe zog ich einen Rahmen heraus. Aber es war nicht die richtige Marke! Unterdessen hatte ich schon so viel Schlamm aufgewühlt, dass ich nichts mehr erkennen konnte. Unverdrossen machte ich weiter. Aber erst als sich neben mir ein Haufen Metall angesammelt hatte – eigentlich wollte ich schon aufgeben –, da blieb etwas am Stecken hängen, ich hievte es an Land und hielt meinen Sachs-Rahmen in der Hand. Überglücklich zog ich mit meinem Fund nach Hause. Nach gründlichem Reinigen und weiß gespritzt sah das Gestell wie neu aus. Der Motor passte! Irgendwann brachte ich den Töff zum Laufen.

Aber es fehlte immer noch etwas. Zu einem richtigen Mofa gehörte eine Teleskopgabel, die musste verchromt und verlängert sein, damit der Töff wie ein Easy-Rider-Motorrad aussah. Bei meinem Cousin Urs wurde ich fündig. Von ihm – einem regelrechten »Töfflifreak« – bekam ich hie und da etwas geschenkt oder ich kaufte es ihm von meinem Taschengeld ab. Taschengeld gab es aber nicht einfach so. Das verdiente ich mir zum Beispiel beim »Tannlisetzen« mit meinem Vater im Wald. Er schlug mit der Hacke ein Loch, ich steckte eine kleine Tanne hinein und er drückte sie mit seinen klobigen Arbeitsschuhen fest.

Also, ich hatte nun die besagte Teleskopgabel und bastelte tagelang daran herum. Auf alle Fälle konnte ich sie montieren, aber mit Befestigen klappte es nicht. Trotzdem bestieg ich meinen Töff und kurvte Richtung Stadt. Stolz saß ich auf meinem Gefährt und sagte mir: »Jetzt bin ich auch dabei!« Ich wollte mir in der Migros etwas kaufen. Kurz vor dem Geschäft musste ich links abbiegen und dabei die in der Straße versenkten Tramschienen der Dietikon-Bremgarten-Bahn überqueren. Das erforderte meine ganze Aufmerksamkeit. Nur nicht mit dem Vorderrad in die Geleise geraten! Was war denn das? Was ist das für ein Rad, das da davonrollt? Und schon lag ich im Gebüsch. Ich rappelte mich auf, stellte den Töff auf und sah, dass die Gabel rausgerutscht war und sich das Rad deshalb selbstständig machen konnte. Ich suchte alle Teile, steckte sie zusammen und humpelte den Töff nebenher schiebend davon.

Einmal fuhr ich ziemlich rassig die Anemonenstraße hinunter. Vor der

Kurve wollte ich abbremsen. Aber nichts geschah und schon donnerte ich einem Nachbarn ins Garagentor. Schnell stieg ich ab und besah mir den Schaden. Gott sei Dank! Man sah nichts. Der Nachbar hat nie etwas von meinem Missgeschick erfahren.

Natürlich versuchte ich auch meinen Töff zu frisieren. Wie bewunderte ich Urs, der mit 60 Stundenkilometern durch die Gegend bretterte. Er hatte sogar einen Schalter eingebaut, um allfälligen Kontrollen der Polizei zu entkommen. Damit konnte er, je nach Bedarf, die Höchstgeschwindigkeit auf 30 km/h reduzieren. Wenn die Polizei ein frisiertes Mofa erwischte, durchbohrten sie den Tank oder man erhielt den Töff zu einem Paket gepresst zurück. Bei meinen Versuchen war es eher so, dass mein Mofa nachher mehr Benzin soff und dafür langsamer lief.

In meinem Kopf hatten nur noch meine Töfflis Platz, weniger das Französisch. Das machte sich bei den Schulnoten bemerkbar. Eines Tages kam Vater zu mir in die Garage und sagte: »Daniel, ich muss dir deinen Töff wegnehmen, bis sich die Noten wieder gebessert haben.« Ich versuchte ihn mit Bitten und Betteln davon abzuhalten, mir meinen Lebenssinn wegzunehmen. Aber er blieb hart und mein Mofa verschwand. Mit der Zeit fand ich heraus, dass es im Forsthaus eingeschlossen war. Nun musste ich meine Freizeit mit Französisch verbringen. Aber die elenden Wörter wollten einfach nicht in meinen Kopf. In der Schule war Alain mein Pultnachbar. Da seine Muttersprache Französisch war, versuchte ich während der Prüfungen bei ihm abzuschauen. Einmal saß ich konzentriert da und tat so, als würde ich an einer Antwort herumstudieren. Ich hielt den Kopf gesenkt und schielte zu Alains Blatt hinüber, das er gefälligerweise etwas zu mir verschoben hatte. Als ich meinen Kopf hob, erschrak ich von ganzem Herzen. Ich schaute direkt in die Augen von Frau Muheim. Sie kniete sich vor mein Pult, um zu kontrollieren, ob ich am Abschreiben wäre. Die Note fiel nicht besonders gut aus. Ehrlich, ich habe immer noch eine Abneigung gegen alles Französische!

Nach drei Monaten war die Leidenszeit vorbei und ich konnte wieder stundenlang an meinem Mofa »umächlüttere«. Später, mit zwanzig, besaß ich eine Vespa mit zwei Sitzen. Das war nun mein neuer Stolz.

Ich war für jeden Blödsinn zu haben. Vincenz, mein Schulkollege, lud mich einmal ein, mit ihm in den katholischen Unterricht zu kommen. Noch so gerne ging ich mit, da es mich schon immer interessiert hatte, was in diesen Stunden geschah. Bevor der Vikar das Schulzimmer betrat, hatte ich mich schon hinter einer Tafel versteckt. Der Unterricht begann. Bald langweilte ich mich zu Tode. Was der Vikar vorne brabbelte, verstand ich sowieso nicht. Ich wurde immer unruhiger und wäre am liebsten davongelaufen.

»Ich könnte ja mal ›fürägüxlä‹«, dachte ich. Vorsichtig schob ich die Tafel ein wenig zur Seite. Mit lautem Krachen polterte sie auf den Boden. Ich stand mit hochrotem Kopf da und wäre am liebsten im Boden versunken. Der Vikar meinte nur: »Stell die Tafel auf und setz dich in eine Bank, wenn du am Unterricht teilnehmen willst.«

Ein Jahr später erzählte mir Vincenz, dass sie im katholischen Unterricht das Thema Drogen besprechen würden. Plötzlich grinste er und sagte: »Dani, du bist doch so bleich. Du könntest doch einen Drogenabhängigen spielen und im ›Unti‹ aus deinem Leben erzählen.«

»Klar, da bin ich sofort dabei!«

Zusammen heckten wir aus, was ich sagen sollte.

Zwei Tage später – ich hatte meine ältesten, etwas zerschlissenen Kleider angezogen und die Haare verstrubbelt – stellte mich Vincenz dem Vikar als seinen armen, drogenabhängigen Kollegen vor, der gerne aus seinem Leben erzählen würde. Einen Moment lang hatte ich Angst, dass der Vikar mich von der Wandtafel-Geschichte her erkennen könnte. Doch nichts dergleichen geschah. So begann ich zu erzählen.

Merkte der Vikar nicht, wie die Schülerinnen und Schüler sich das Lachen verkneifen mussten, als ich mit blumiger Sprache beschrieb, wie ich drogenabhängig geworden war, wie schwierig es wäre, Stoff zu besorgen, und dass mich meine Eltern rausgeworfen hätten? Ungefähr nach einer Viertelstunde war genug geflunkert. Ich verabschiedete mich vom Vikar und bedankte mich, dass sie mir alle zugehört hatten. Vincenz blinzelte mir zu und ich beeilte mich aus dem Zimmer zu kommen, weil ich das Grinsen nicht mehr unterdrücken konnte.

FERIEN

Vater war immer sehr beschäftigt mit seiner Arbeit im Wald. Irgendwie habe ich in Erinnerung, dass er unter der Woche kaum Zeit für uns hatte. Am Samstag war Gartenarbeit angesagt, oder er saß an seinem Schreibtisch und erledigte Bürokram, und am Sonntag war der Gottesdienst. Aber er erlaubte uns im Honeret-Wald eine Hütte zu bauen. Zusammen mit unseren Cousins, Franz, Markus und Urs, weilten wir Stunde um Stunde im Wald und eine pompöse Hütte entstand.

Auch die Ferien waren den Eltern sehr wichtig. Als wir noch an der Neumattstraße lebten, hatten wir sehr viele Beerensträucher. Mit dem Erlös der Beeren konnten wir uns Ferien leisten, so erzählte es mir Vater. Im Sommer nahm er sich zwei, manchmal drei Wochen Urlaub und wir fuhren ins Bündnerland nach Somvix oder Cresta. Während dieser Tage unternahm Vater viel mit uns. Er war richtig spürbar, weit weg von seinem Wald und all den Sorgen. Wir machten Wanderungen, wahnsinnige Wanderungen! Einmal – nach zehn Stunden Auf und Ab – waren wir alle total müde und ich fragte Vater, wie weit es noch gehe, da antwortete er: »Tuet mer leid, ich weiß es au nöd!«

1970 planten die Eltern eine weite Reise: Ferien in Amrum, auf einer Insel im Norden Deutschlands. 1.000 Kilometer fuhren wir mit dem Zug durch die Nacht, durch ganz Deutschland bis nach Husum. Und dort mit dem Schiff auf die Insel.

Fast jeden Tag waren wir am Meer. Der Strand war einen Kilometer breit, alles Sand und viele Dünen. Wir bauten zusammen als Schutz Sandburgen. Der Wind pfiff uns andauernd kalt um die Ohren. Mit Muscheln zauberten wir Bilder auf die Wände. Natürlich durfte auch der Name nicht fehlen, damit alle wussten, wem das Teil gehörte. An anderen Tagen durchwanderten wir die Insel der Länge und der Breite nach.

Auf Amrum erlebte ich das erste Mal das Meer. Manchmal war es ganz nah und dann zog es sich wieder weit zurück. Vater erklärte mir, dass das Ebbe und Flut seien. So konnten wir bei Ebbe sogar weit ins Wattenmeer hinauswandern. Ich hatte schon immer etwas Bedenken, ob das Wasser nicht plötzlich zurückkommen könnte und wir ertrinken würden.

Wir aßen häufig in Restaurants, die viele Fischgerichte anboten. Das schmeckte mir sehr.

Die Insel war ein Vogelparadies. Daran mag ich mich gut erinnern.

Auch Skiferien gehörten zum Programm. Meistens waren wir in Braunwald, später auch in Wengen. Vater war es wichtig, dass wir Skifahren lernten. Mein erster Ski hatte noch eine Kabelbindung. Er war unsäglich lang und die Skistöcke reichten mir bis zu den Ohren. Die Skischuhe musste ich schnüren. Aber auch mit dieser Ausrüstung lernte ich, den Hang hinunter zu kurven.

Die restlichen Ferienwochen verbrachte ich zuhause oder manchmal auch bei meinem Götti, der in Seen einen Bauernhof besitzt. Bei ihm erlebte ich Freiheit pur. Vreni, seine Frau, verwöhnte mich und ich konnte so lange aufbleiben, wie ich wollte. Ich half Götti bei der Arbeit und wir machten hie und da Ausflüge. Als ich schon älter war, fuhr ich einmal mit dem Mofa zu ihnen. Von Dietikon bis Winterthur/Seen waren das ungefähr 35 Kilometer. Als ich irgendwann auf einer Tafel St. Gallen und darunter Winterthur angeschrieben sah, zauderte ich nicht lange und bog ab. Etwas komisch kam mir die Straße schon vor, weil die Autos nur in eine Richtung fuhren und die Gegenfahrbahn durch Hecken abgetrennt war. Friedlich tuckerte ich ganz rechts am Rand der Straße entlang, und als ich sie verlassen musste, war ich froh, von den schnell fahrenden Autos wegzukommen. Götti klärte mich dann auf, dass ich die Autobahn erwischt hätte.

Einmal konnte ich für vier Wochen in den Landdienst ins Welschland gehen, um mein Französisch aufzubessern. Ob ich nachher wirklich besser Französisch reden konnte, weiß ich nicht mehr. Aber auf alle Fälle habe ich mich nie gewaschen. Großmueti musste dann die Kleider stundenlang einweichen und mehrmals waschen, bis sie einigermaßen sauber waren. Auch ich verbrachte geraume Zeit unter der Dusche, bis die Dreckschicht ab war. Aber es war so schön gewesen.

Lehre, Glaube, Beruf

Gegen Ende der Sekundarschule kam das Thema der Berufslehre. Man musste einfach einen Beruf lernen. Ich wusste lange nicht, welchen ich wählen sollte. An zwei, drei Orten ging ich schnuppern und in der Rapid gefiel es mir ganz gut. Warum nicht Maschinenmechaniker? Ich bastelte ja gerne an meinen Mofas herum. Weil diese Ausbildung einen gewissen Status bot – und das war mir sehr wichtig – und viele meiner Kollegen sie gewählt hatten, entschied ich mich auch dafür.

Schon bald stellte ich fest, dass mir erstens der Beruf gar nicht gefiel und zweitens, dass er mit Töffliflicken nichts zu tun hatte. Stundenlang stand ich an den Maschinen, und die Teile, die ich fräste und bohrte, mussten auf den hundertstel Millimeter genau sein. Gar nicht mein Fall! Dafür genoss ich die Pausen umso mehr, wenn ich mit den anderen Arbeitern reden und Kaffee trinken konnte. Über Mittag fuhr ich mit dem Fahrrad nach Hause, aß rasch etwas, und um dreizehn Uhr stempelte ich meine Karte in der Rapid wieder ab.

Trotz allem Widerwillen zog ich die vier Jahre durch, aber ich wusste immer, dass das nicht mein Beruf bleiben würde.

Meinen Eltern war der Glaube sehr wichtig. Jedes Jahr legten sie mir einen Prospekt des CVJM (Christlicher Verein Junger Menschen) auf den Tisch. In den angebotenen Lagern konnte ich schwelgen, und mich dann für den einen oder anderen Kurs entscheiden. Einmal besuchte ich ein Kletterlager, oder im Winter war ich in Skilagern. Aber nicht nur Klettern und Skifahren-Lernen waren wichtig, die Leiter brachten uns auch den Glauben nahe. Irgendwann erkannte ich, dass ich Gott in meinem Leben brauchte, und an einer Osterfreizeit entschied ich mich für ihn, quasi. Ich nenne das meine Bekehrung. Aus Leder bastelte ich mir ein dickes Kreuz und trug es um den Hals. Die Arbeiter in der Rapid schauten mich deshalb schief an, und als ich dann noch in meinem Spind Bibelsprüche aufhängte, fragten sie sich, was wohl mit mir los wäre. Dabei wollte ich einfach Gott gehorsam sein, denn sie hatten uns im Lager ermutigt, dass wir Zeugnis geben und unseren Glauben bekennen sollten.

Der Glaube wurde mehr und mehr ein wichtiger Bestandteil meines Lebens und das ist er heute noch. Alain, Markus und ich gründeten zusammen eine JK (Junge Kirche), die zur reformierten Landeskirche gehörte. Sie stellten uns sogar einen Raum zur Verfügung, in dem wir uns treffen konnten. In der Jugendgruppe entstand bald ein großer Zusammenhalt. Wir stiefelten ein Programm zusammen und unternahmen tolle Sachen. Die Freizeit, die Wochenenden und die freien Abende mit meinen Freunden: das war mein Leben, nicht die Lehre.

Einmal fuhr ich auch nach Taizé, wo große ökumenische Jugendtreffen stattfanden. Für die Gottesdienste versammelten sich alle Teilnehmer zusammen mit den Frères des ökumenischen Ordens, die diesen Ort gegründet hatten, in einer großen Halle. Hie und da las jemand einen Text, aber eine Predigt wurde selten gehalten. Wir sangen viele Lieder, kurze Chorusse, die wir unzählige Male wiederholten. Ein Höhepunkt war es immer, wenn auch der Leiter des Ordens, Frère Roger, dabei war. Er war ein Mann, der einen tiefen Frieden ausstrahlte und in seinem Gesicht Gottes Liebe widerspiegelte. Ich kehrte so begeistert von diesem Aufenthalt zurück, dass ich von da an regelmäßig ein Taizégebet in Zürich besuchte und mit der Zeit auch mitgestaltete. Immer am Freitagabend fuhr ich mit der Gitarre auf dem Rücken mit der Vespa nach Zürich und scheute mich nicht, den Arbeitern in der Rapid davon zu erzählen. Sie fanden es schräg, dass ein Jugendlicher beten ging. Die »Normalen« gingen doch in den Fußballclub, ins Judo oder in den Ausgang und besoffen sich.

Eines Tages, im Frühling 1979, kam ein neues Mädchen in die JK. »Das isch denn ä herzigi mit däne Chruseli!«, dachte ich. Jedes Mal, wenn ich Ursi sah, gewann ich sie lieber. Könnte sie meine Freundin werden? Nicht einmal auszumalen getraute ich mich diesen Gedanken. Meistens fragte ich sie nach der JK, ob ich sie noch nach Hause begleiten dürfe. Zu meiner großen Freude sagte sie jedes Mal Ja. Stundenlang standen wir an der Schöneggstraße 9, wo sie wohnte, beim Hauseingang und redeten und redeten. Und dann ging ich wieder nach Hause. Ursi musste relativ lang warten, bis ich den Mut hatte, ihr meine Liebe zu gestehen. Ich war in diesen Dingen ein wenig verklemmt. Als unsere Freundschaft begann, brach für mich der Himmel auf Erden an.

Klar hatte es auch vorher Mädchen gegeben, die ich gernhatte, aber mein Herz so richtig zu entflammen, das schaffte nur die Ursi.

Als ich die Lehre beendet hatte, wollte ich keinen Tag länger in der Rapid arbeiten. Ich fragte mich, was mein Platz in dieser Welt wäre, welche Begabungen ich hätte und was ich aus meinem Leben machen sollte. Zuerst erfüllte ich mir aber einen Herzenswunsch: Für vier Monate reiste ich nach Israel, zwei Monate würde ich in einem Kibbuz am See Genezareth verbringen und zwei Monate lang wollte ich das Land bereisen. Ursi musste ich zurücklassen. Das fiel mir gar nicht leicht. Aber wir versprachen einander, viel zu schreiben und jeden Abend um die gleiche Zeit Bibel zu lesen und zu beten. Wir stellten uns vor, dass wir so miteinander verbunden wären.

Im Kibbuz las ich Trauben und Mangos ab oder ich arbeitete in einer Plastikfabrik. Nach sechs bis sieben Stunden hatten wir für den Rest des Tages frei. Häufig badete ich im See Genezareth und genoss das Nichtstun. Es war spannend, Einblick in einen Kibbuz-Betrieb zu bekommen.

Auf meiner Reise durch Israel war ich allein. Ich erforschte Israel von oben bis unten und konnte Gegenden besuchen, die heute abgeriegelt sind. Ich wanderte durch arabische Dörfer und erlebte ihre große Gastfreundschaft. Einmal geriet ich in eine Hochzeitsgesellschaft. Bald war nicht mehr das Brautpaar der Mittelpunkt, sondern ich, der Ausländer. Als es Zeit zum Schlafen wurde, musste ich mich ins Ehebett der Neuvermählten legen und sie schliefen irgendwo auf dem Boden. Ich konnte mich nicht dagegen wehren, da sie das als Beleidigung aufgefasst hätten. Ein anderes Mal schlief ich am Strand und mitten in der Nacht erwachte ich, als das Licht von Scheinwerfern über mich hinwegglitt. Die Polizei kam auf mich zu und schickte mich weg. Übernachten war dort nicht erlaubt.

Wieder zurück aus Israel, erhielt ich eine Stelle als Hilfserzieher im Josefsheim in Bremgarten. Die Betreuung der geistig und körperlich behinderten Menschen gab mir eine tiefe Befriedigung. Der Wunsch, Heimerzieher – so hieß der Beruf des Sozialpädagogen damals – zu werden, wurde immer stärker. Ich entschied mich für die Heimerzieherschule Gott hilft in Zizers. Sie verlangten ein Vorpraktikum, und das sollte ich am besten in einem ihrer Heime machen. In einem Kinderheim, auch in Zizers, war ein Platz frei. Doch das Praktikum ging voll in die Hosen. Ich wurde mit den Leuten nicht warm und blieb in mir gefangen. Die innere Freiheit und Freude, die ich im Josefsheim erlebt hatte, stellten sich nie ein. Dazu kam, dass die Erzieher und Lehrer sich häufig stritten, wer jetzt besser mit den familiengeschädigten Kindern umgehen konnte und welche Erziehungsmaßnahmen zum Ziel führen würden. Dabei waren doch alle Christen. Meine Arbeit bestand hauptsächlich darin, im Garten zu jäten und für alle zu kochen. Mit Kindern hatte ich kaum zu tun.

Ich war mir gar nicht mehr sicher, dass ich diesen Beruf lernen wollte. Als dann auch von der Schule kein klares Ja kam, war die Sache entschieden. Eigentlich schade, denn ich wäre sicher ein guter Erzieher geworden. Doch nun stand ich wieder am Anfang und dachte: »Gopfverdeckel, was sölli denn mache?«

Ursi hatte bereits einen Beruf und arbeitete als Lehrerin. Und ich? Der ewig Suchende ...

Während der Ferien besuchte ich einen Sommereinsatz, der vom New Life organisiert worden war. In mir wuchs der Wunsch, mich auch für den Glauben einzusetzen, wie die Leiter es taten. Es war mir immer noch wichtig, etwas Sinnvolles mit meinem Leben zu machen. In Walzenhausen bot das New Life eine dreijährige Bibelschule an und für diese entschied ich mich. Dann könnten Ursi und ich nachher gemeinsam in die Mission gehen und vielen Menschen von Jesus erzählen, dachte ich.

Das bedeutete für unsere Freundschaft, dass wir noch länger getrennt leben und weiterhin sehr wenig Zeit füreinander haben würden. Wir stellten uns darauf ein.

Ursi machte meine ganze Sucherei mit, glaubte an mich und ließ mich nie los. Durch dick und dünn ging sie mit mir.

Und dann endlich: Am 20. April 1985 war es vorbei mit dem ewigen »Adieu-Sagen«.

Wir zogen nachher ins Südtirol. Auch als Ehepaar wurde unser Leben nicht ruhiger, es blieb turbulent. Und die Turbulenzen sind bis heute geblieben.

S' URSELI

Geboren wurde ich am 22. August 1959 im Spital Münsterlingen. Meine Eltern wohnten in Altnau. Maja, meine Schwester, war bereits zwei Jahre alt. Zwischen ihr und mir gäbe es noch ein Brüderchen, den Hansli. Aber ich hatte als Kind nur eine vage Ahnung von ihm. Er sei plötzlich gestorben, ganz klein. Und doch hinterließ er Spuren. Als Kind überlegte ich mir, dass ich mich ja wie ein Bub benehmen könnte, damit die Eltern durch mich einen Ersatz für den Hansli hätten.

Meine Mutter hat in ihrem Buch[1] meine Geburt so beschrieben: *Am 22. August 1959 wollte ich unbedingt das Blumenbeet vor dem Haus mit meinen selber gezogenen »Dänkeli«, Stiefmütterchen, bepflanzen. Gesagt, getan. Nur mit Blumen sah das Ganze aber noch sehr nackt aus. Ich könnte es doch mit grossen Steinen einfassen, dachte ich. Hinter der Scheune fand ich passende Steine und beförderte sie mit der Schubkarre zum Blumenbeet. Und das war wohl etwas zu viel des Guten! Die Wehen setzten ein.*

Als Walter von der Arbeit heimkam, ging's Hals über Kopf. Walter brachte Meieli zur Grossmutter und ich schlüpfte in dieser Zeit in frische Kleider. Ein Kollege fuhr uns nach Münsterlingen ins Spital.

Die Hebamme untersuchte mich und meinte zu Walter: »Sie chönd grad dabliibe. S'gaat nüme lang!« So konnte er die Geburt unserer zweiten Tochter Ursula dank dieser fortschrittlichen Hebamme ausnahmsweise miterleben! Urseli war ein gesundes, wohlgenährtes Kindlein mit schwarzen Haaren. Die Hebamme hielt sie im Arm und meinte: »Das ist ein richtig schönes Bébé.« »Das sagen Sie sicher allen Müttern nach diesen Strapazen«, entgegnete ich. »Nei, nei«, wehrte sie sich energisch, »es isch so, wienis säge!« Jetzt musste sich Walter aber doch verabschieden. Sein Kollege wartete immer noch geduldig im Auto auf dem Parkplatz. Er staunte, als er vernahm, dass das Kindlein schon in Rekordzeit auf die Welt gekommen war.

Meine eigenen Erinnerungen setzen erst im Kindergarten ein. Vorher ist einfach nichts. Es gibt Fotos, aber ich kann sie nicht mit Erlebnissen verknüpfen. So weiß ich bloß aus Erzählungen, dass wir im Januar 1964 von Altnau nach Dietikon zogen. Es war ein Kältewinter und alle Seen waren gefroren. Als ich als erwachsene Frau realisierte, dass die damalige »Seegfrörni« sich sehr wahrscheinlich kaum mehr wiederholen würde, fragte ich meine Mutter: »Warum sind wir nicht auf den gefrorenen Zürichsee gegangen?« Sie sagte:

---

1   Täghüfeli und Madäneli, Annemarie Aeberhard/Ursula Hofer

»Unsere damalige Wohnung brachten wir einfach nicht warm, und so hatten Däddi und ich keine Lust, freiwillig an die Kälte zu gehen.« Würde ich mich daran erinnern, wenn wir auf dem See gewesen wären?

Wir wohnten in Dietikon im Parterre eines Zweifamilienhauses. In den dunklen Keller hinunter ging ich nie gerne. Die Apfelhurden, die entlang der Wand standen, waren mit Spinnweben verhangen. Leider mussten wir zuerst an diesem gruseligen Ort vorbei, bis wir in die Waschküche kamen. Dort standen ein Waschhafen und eine Mangel. Wenn Mutti wusch, war der ganze Raum mit Dampfschwaden aus dem kochenden Hafen eingehüllt. Mit Stolz half ich ihr jeweils, die Wäsche durch die Mangel zu drehen. Die Waschküche war auch unser Badezimmer. Zuerst musste Mutti den Waschhafen aufheizen und erst dann konnte sie die Badewanne mit heißem Wasser füllen. Ich glaube nicht, dass das häufig vorkam. Erstens war es ein großer Aufwand und zweitens mussten wir nach dem Baden in ein Tuch gehüllt durch den kalten Keller laufen, die Treppe hoch, bis wir endlich wieder in der Wohnung waren.

Im Estrich gab es Abteilungen aus Holz. Maja und ihr Schulkollege fragten mich hie und da, ob ich mit ihnen spielen wollte. Ich freute mich, dass sie mich für groß genug hielten, um mitzumachen. Aber meistens endete das Spiel damit, dass ich in eines dieser Abteile gesperrt wurde. Noch schlimmer war es, wenn sie mich in den Keller trieben und ich mir nicht mehr anders zu helfen wusste, als mich auf den Hurden zu verstecken, inmitten der »Spinnhupälä«.

Unser Haus stand gegenüber dem Bahnhof. Wie beeindruckten mich die gestapelten großen Rollen, auf denen Kabel aufgerollt waren. Nur zu gerne wäre ich auf ihnen herumgeklettert, aber das hatte Mutti verboten.

Mit sechs Jahren besuchte ich den Kindergarten. Vor allem an ein Erlebnis kann ich mich erinnern:

Wie jeden Tag saß ich mit den Kindern im Kreis. Die Kindergärtnerin erzählte eine Geschichte. Ich hatte keine Ahnung, worum es ging. Ich wartete nämlich sehnsüchtig auf den Moment, wenn wir spielen gehen durften. Heute wollte ich mit der Holzeisenbahn, der Briobahn, spielen. Meistens waren dort nur Buben. Ich hatte mich bisher nicht getraut, meinen Wunsch anzumelden, weil ich doch ein Mädchen war.

Nach dem letzten Lied fragte die Kindergärtnerin: »Wer will im ›Bäbieggli‹ spielen?«

Alle, die das wollten, mussten die Hand heben und sie bestimmte, wer gehen durfte.

»Wer will basteln?«

Wieder das Gleiche. Vor allem Mädchen verschwanden.

»Wer will nach draußen gehen?«

Meine Chance stieg, weil fast alle Buben die Hand hochhielten.

Jetzt kam die Briobahn an die Reihe. Ich streckte meine Hand in die Luft, bevor die Kindergärtnerin fragen konnte. Vier Konkurrenten hatte ich noch.

Ich machte vor Aufregung fast in die Hosen. Der erste Bub konnte gehen. Der zweite. Jetzt war ich an der Reihe. Jetzt musste ich drankommen!

»Urs...« – mein Herz begann zu hüpfen – »du kannst auch noch gehen. Und du, Ursi, du gehst an den Tisch und machst Zusammensetzspiele.«

Für mich brach eine Welt zusammen. Ich schlich zum Tisch und suchte ein Spiel aus. Immer wieder schaute ich zu den Buben, die voll Vergnügen die Schienen zusammensetzten, mit dem Zug darauf herumfuhren und fröhlich schwatzten. Endlich war die Spielzeit vorbei und ich war erlöst.

Als ich selber Mutter wurde, schenkten wir den Kindern eine Holzeisenbahn und endlich konnte ich damit spielen, soviel ich wollte – ob ich nun Lust hatte oder nicht.

Die Schürzen, die im Kindergarten Mädchen und Buben trugen, hatten meistens eine Tasche aufgenäht und die spielte beim nächsten Erlebnis eine Rolle.

Einmal holte mich Mutti ab und nahm mich mit in ein Warenhaus, das Regina hieß:

Den Namen fand ich lustig, weil es auch der Name meiner kleinen Schwester war. Sie musste sich – als sie größer war – immer wieder den gleichen Spott anhören: »Was? Bei dir kann man einkaufen gehen?«

Mutti nähte jeden Tag und darum ging ihr auch immer wieder der Faden aus. Wir stiegen drei lange Treppen hoch, bis wir in der Nähabteilung ankamen. »Warum nehmen wir nicht das komische Ding, wo man außen auf einen Knopf drückt; dann geht eine Tür auf; die Leute gehen hinein und sind dann nachher vor uns oben?«, dachte ich.

Mutti stand vor der Fadenwand, hielt ein Stück Stoff in der Hand und murmelte etwas vor sich hin. Auf meiner Augenhöhe hatte es viele kleine Hütchen. Mutter steckte jeweils auch einen auf den Finger, wenn sie mit der Nadel nähte. So viele verschiedene Hütchen! Auf einem hatte es sogar einen kleinen Engel.

»Chumm, Ursi!« Mutter nahm mich an der Hand und zog mich zur Kasse. Zuhause versorgte sie ihre Einkäufe und machte den Zvieri bereit.

»Ursi, du hast ja noch immer die Schürze vom Kindergarten an. Komm, wir ziehen sie aus.«

Plötzlich fiel etwas auf den Boden. Der Fingerhut mit dem Engel!

»Ursi, wo kommt der her?«

Ich schaute den Fingerhut, dann Mutti an und stammelte: »Dä isch mir glaub eifach is Täschli gheit.«

Zweifelnd blickte sie mich an und sagte: »Also Ursi, stehlen darf man nicht! Jetzt bringen wir ihn sofort zurück und du entschuldigst dich.«

Ich verstand sie nicht. Ich hatte ihn doch nicht gestohlen. Felsenfest war ich davon überzeugt, dass er mir in die Tasche gefallen war. Aber alle Erklärungen brachten nichts, ich musste mit.

Ich bin übrigens auch heute – nach über 50 Jahren – immer noch von meiner Unschuld überzeugt.

Maja und ich wechselten uns regelmäßig ab, um Milch zu holen. Den Milchkessel konnte man am Henkel umherschwingen. Wenn er irgendwo anstieß, »tschätterete« es richtig schön. Das war eine Aufgabe, die ich nicht besonders gernhatte. Die vielen Leute im Milchgeschäft machten mir Angst und ich wurde häufig übersehen.

Als ich eines Tages an der Reihe war, spazierte ich die Straße entlang und murmelte vor mich hin: »Bitte drei Liter Milch, Herr Anliker!« Vor der Brücke über die Reppisch bog ich links ab und stand vor dem Laden. Beim Eintreten ging es drei Tritte nach unten. Oje, es standen schon so viele Leute da! Das würde wieder lange dauern, und ich sollte doch dringend »go bislä«. Vor mir war eine Frau, die einen Korb am Arm trug. »Die wird sicher ganz viel einkaufen!«, dachte ich. Jetzt begann der Verkäufer mit einem Mann über irgendetwas zu plaudern. Ich presste die Beine zusammen. So konnte ich »s Bisi« aufhalten. Noch drei Leute, dann war ich an der Reihe. Endlich bezahlte die Frau vor mir ihre fünf Käsestücke und die zwei Liter Milch im Kessel.

»Vielen Dank und auf Wiedersehen!«, verabschiedete sie sich.

»Ich hätte gerne ...«, begann ich mit leiser Stimme.

»Was hätten Sie gerne, Frau Biedermann?«

Die Frau hinter mir begann mit Aufzählen. Ich hielt es fast nicht mehr aus.

Es dauerte lange, bis alles eingepackt und bezahlt war. Bevor ich etwas sagen konnte, nahm der Verkäufer die nächste Frau an die Reihe.

»Aber ... ich bin doch dran!«

Niemand hörte mich. Plötzlich rann ein warmes Bächlein meine Beine entlang in die Sandalen und auf den Boden.

Jetzt hatte ich auf einmal alle Aufmerksamkeit der Welt. Die Leute lachten und eine Frau sagte, das sei aber schlimm, wenn ein so großes Mädchen in die Hose mache. Ich schaute krampfhaft auf den Boden und schämte mich zu Tode. Ach, könnte ich mich doch in Luft auflösen.

Der Verkäufer kam mit einem Lappen und meinte: »Das ist nicht so schlimm! Ich putze auf und dann sagst du mir, was du willst!«

Ich packte meinen Kessel und rannte zum Laden hinaus.

»He, du brauchst doch sicher Milch! Komm zurück!«, rief er mir hinterher.

Nein, sicher nicht! Von nun an konnte Mutti die Milch selber holen. Nie mehr würde ich diesen Laden betreten.

Weihnachten war für mich immer eine spannende Angelegenheit. S »Chrischtchindli« würde kommen und Geschenke bringen. Wenn der Weihnachtsabend nahte, packte uns Mutti warm ein und wir gingen mit Däddi spazieren. Je länger der Spaziergang war, umso aufgeregter wurde ich. Endlich wieder zuhause, schälten wir uns aus allen warmen Kleidern. Mutti stand da und sagte: »Kommt, wir gehen schauen, was uns das ›Chrischtchindli‹ gebracht hat!« Däddi führte uns in die Stube. Das Wunder war wieder geschehen: Ein Baum mit brennenden Kerzen und Kugeln stand da, und was natürlich viel wichtiger war: die Geschenke, die darunter aufgestapelt waren. Ob wir noch gesungen oder eine Geschichte gehört haben, weiß ich nicht mehr. Als wir größer waren, spielten wir auf den Blockflöten Weihnachtslieder. Meistens sangen wir noch »O Tannenbaum, o Tannenbaum«. Das war Vaters Lieblingslied.

Als ich etwa acht Jahre alt war, wollte ich unbedingt das geheimnisvolle Wesen mit eigenen Augen sehen.

Gegen Abend rief Mutti: »Komm, Ursi, du musst dich auch bereit machen, damit du mitgehen kannst.«

»Mutti, ich habe so komisches Bauchweh. Darf ich nicht einfach im Zimmer bleiben und spielen?«

»Wo tut es dir weh?«, fragte Mutti.

»Da und da«, jammerte ich und hielt mir den Bauch.

Ich konnte zuhause bleiben, aber Mutti verlangte, dass ich mich ins Bett legte, und brachte mir noch eine warme Bettflasche.

Jetzt war es auf einmal ruhig in der Wohnung. Und doch hörte ich, wie jemand hin und her lief. War das etwa das »Chrischtchindli«?

Ich schlich auf Zehenspitzen zur Tür und öffnete sie einen kleinen Spalt. Ich sah eine Gestalt mit Geschenken im Wohnzimmer verschwinden. Sie trug den gleichen Rock wie Mutti. Schon öffnete sich die Tür wieder. Tatsächlich! Mutti! Ich hielt den Atem an, bis sie an mir vorbei war. Dann schlich ich zurück ins Bett und verkroch mich enttäuscht unter der Decke.

Ach, warum war ich nur zuhause geblieben! Etwas Geheimnisvolles war für immer verschwunden. Dabei hatte ich doch nur das »Chrischtchindli« sehen wollen!

Im Januar 1965 wurde Muttis Bauch immer dicker. Sie sagte irgendetwas von einem Geschwisterchen. Dabei hatte ich doch schon eine Schwester. Im März kam Däddis Mutter wieder einmal zu Besuch. Sie war eine liebe Frau. Mit ihr konnte ich stundenlang jassen. Aber manchmal musste ich ganz schnell verschwinden, weil es plötzlich unangenehm roch. Erst viel später erfuhr ich, dass Großmutter Probleme mit dem Darm hatte und dass sie für den Gestank gar nichts konnte. Eines Morgens war Mutti verschwunden und Däddi sagte, dass sie im Spital sei und ein Kind bekomme. Regina, so hieß meine neue Schwester. Als Mutti wieder zuhause war, reiste Großmutter wieder zurück. Däddis Vater lernte ich nie kennen. Er sei schon lange gestorben, hieß es.

Als ich acht Jahre alt war, geschah etwas Schlimmes: Wir zogen in eine andere Wohnung. Sie war in einem Dreifamilienhaus, zuoberst und hatte abgeschrägte Wände. Sobald das Sofa im Wohnzimmer stand, legte ich mich hin und weinte. Nichts und niemand konnte mich trösten. Der Verlust der gewohnten Umgebung hatte mich aus der Fassung gebracht. Ich ging wohl zur Schule – den Weg dorthin hatte man Maja und mir bereits gezeigt – aber kaum zuhause, begann die Heulerei von Neuem. Wie ich so dalag und vor Selbstmitleid zerfloss, kam Mutti und sagte: »Jetzt hörsch uf brüele! Jetzt simmer da und fertig. Du gwöhnsch di scho dra.« Das wirkte und ich stellte die Tränen ab. Als ich hinter dem Haus noch den Turnplatz mit Reckstangen und einem Klettergerüst entdeckte, versöhnte ich mich mit der neuen Situation.

»Ach du, mit deinem Geissberg!«

In Dietikon hatte sich durch den Umzug vieles verändert: neuer Ort, neue Nachbarn, neuer Schulweg, aber die Besuche und Ferien auf dem Geißberg waren geblieben. Dort verbrachten wir alle unsere Urlaube, alleine oder mit Mutti und Däddi, wenn sie auch frei hatten.

Geißberg war der Bauernhof meiner Großeltern. Auch Sepp, Töni und Paul, Muttis Brüder, lebten noch bei ihnen.

Wir hatten kein Auto. So fuhren wir mit dem Zug. In Bütschwil kam uns einer der Onkels mit dem Auto abholen. Meistens kauften sie am Kiosk noch eine Zeitschrift für sich und ein Mickey-Mouse-Heft oder Kaugummis, die sie uns schenkten. So flache Dinger, in einem Päckchen und in Papier eingewickelt. Ich aß einen Kaugummi nach dem anderen, weil sie sehr schnell den Geschmack verloren. Mit dem großen Klumpen im Mund versuchte ich Blasen zu machen, die meistens zerplatzten. Dann konnte ich die Fetzen aus dem Gesicht und den Haaren klauben.

Die Aussicht auf dem Geißberg war wunderschön. Bei klarem Wetter sah man den Säntis, die Churfirsten und auf der anderen Seite fast bis nach Wil. Häufig saß Großmutter auf dem Bänkli unterhalb des Hauses und betrachtete mit dem Feldstecher die Bauernhöfe »schattänähalb« und kommentierte, was sie sah. Das tönte etwa so: »Aha, der ist aber hintennach mit dem Heuen. Das ist halt ein Stündeler, der mäht nie an einem Sonntag. Dafür kann sein Nachbar nicht genug Gras abschneiden. Das wird doch verregnet. Selber schuld!« Nur auf dem Geißberg wurde alles immer richtig gemacht.

Das Haus war alt, mit dunkelbraunen Schindeln bedeckt und ganz einfach eingerichtet. Fließendes Wasser gab es nur in der Küche. Mein Geschäft auf der Toilette, dem Plumpsklo, verrichtete ich immer ganz schnell. Es war ein Brett mit einem Loch. Spülen musste man nicht, da alles in den »Güllenkasten« fiel. Als Toilettenpapier hatte Großmutter Zeitungen zurechtgeschnitten. Aber das funktionierte nicht so gut. Dazu kam noch der durchdringende Gestank. Eiskalt war es im Winter und Mutti sagte dann: »Ich muess no rasch uf d Gletscherhalde.«

Im Wohnzimmer hing über der Ecke ein Bild mit goldigem Rahmen. Das kleine Kind mit dem Heiligenschein musste Jesus sein. Der Kachelofen machte die Stube gemütlich und warm. Im Gegensatz zu den Kammern, in denen es im Winter sehr kalt war. Aber jedes von uns Kindern bekam ein Säckchen, das mit »Chriesisteinen« gefüllt war und im Kachelofen aufgewärmt wurde. Damit konnten wir es uns in den Betten unter dem Leintuch, der Wolldecke und dem Federbett gemütlich machen. Manchmal hörte ich etwas rascheln, wenn ich im Bett lag, und hie und da sah ich eine Maus über den Boden huschen.

Im Stall war es warm und gemütlich. Die Kühe lagen im Stroh und kauten ununterbrochen. In der Scheune konnte man auf einer steilen Leiter auf den Heuboden klettern. Ich hatte immer Angst, dass ich hinunterstürzen könnte. Im Heu entdeckten wir manchmal junge Kätzchen. Wild waren sie und an Menschen nicht gewöhnt. Wir versuchten sie zu zähmen, weil wir sie streicheln wollten. Meistens gelang es nicht.

Mein Platz war weniger im Stall. Ich war eine sogenannte Stubenhockerin. Selbst beim schönsten Wetter konnte ich in der Stube auf dem Sofa liegen und mir ein Buch einverleiben. Was sollte ich auch im Stall? Da war ja meine große Schwester schon.

Nur nach den Ferien war es blöd. Dann mussten wir in der Schule erzählen, wo wir gewesen waren und was wir gemacht hatten. Wenn ich an der Reihe war, rief sicher wieder ein Kind: »Ich weiß, wo du gewesen bist! Auf dem Geißberg!«, und alle lachten.

Aber die hatten ja keine Ahnung, was ich alles erlebt hatte. Zum Beispiel, wenn wir in den Sportferien mit Großmutter »Öhrli« buken. »Fasnachtschüechli« sagten wir zuhause. Am Morgen nach dem Frühstück – der Teig war am Vorabend gemacht worden – begann die Produktion. Großmutter schnitt kleine Portionen ab und begann eine auszuwallen. Dann setzte sie sich auf den Schemel und zog den Teig übers Knie, bis er so dünn war, dass sie durch ihn hindurch die Zeitung hätte lesen können. Alle Fladen wurden auf Küchentüchern ausgebreitet. Mutter hatte unterdessen das Öl in der Fritteuse heiß werden lassen und begann den ersten Teiglappen zu frittieren. Einmal wenden und goldbraun backen, dann holte sie ihn mit der Schöpfkelle heraus. Maja und ich bestreuten die »Öhrli« mit Puderzucker. Nachher schichtete Großmutter die abgekühlten Fasnachtschüechli in Harasse und brachte sie in die kühlste Kammer im oberen Stock. Immer nach dem Mittagessen wurde ein Teller voll »Chüechli« geholt und wir verschlangen ein Stück nach dem anderen!

Jedes Mal, wenn ich heute in der Migros an den Paketen mit den »Fasnachtschüechli« vorbeilaufe, muss ich an Großmutter und ihre »Öhrli« denken.

Am Sonntag stand ein Gottesdienstbesuch auf dem Programm. Wir Kinder begleiteten Großmutter in die Kirche. Warum Mutti nicht mitkam, verstand ich nicht so ganz. Bei Däddi war es klar: Er war reformiert. Wir gingen meistens zu Fuß. Zuerst bis zur Weide, wo Rinder weideten. Dort begann nach der dichten Hecke fremdes Land. Vorbei an Bauernhäusern mit unbekannten

Leuten. Vorbei am Haus, in dem ein kleines Kind gestorben war, als es ins Loch des Plumpsklos fiel. Da hatte ich immer unheimliche Gefühle und hielt Abstand zum Haus. In der Kurve, in der man das Dorf und die Kirche bereits sehen konnte, hatte es einen großen Baum. Dort gab es noch einen Halt. Großmutter musste »bislä«. Wir sollten natürlich nicht hinschauen. Aber es war schon beeindruckend, ihre riesigen Unterhosen zu sehen.

Nun ging es noch durchs Dorf. Vorbei an der Molkerei, in die mein Onkel am Morgen und am Abend die Milch brachte und in der sie feinen Käse machten.

In der Kirche setzten wir uns in die hinterste Bank. Der Gottesdienst war langweilig. Großmutter döste friedlich vor sich hin. Hie und da schnarchte sie sogar. Warum ging sie überhaupt in die Kirche, wenn sie doch nur schlief?

Auch in den Sommerferien waren Maja, Regina und ich wieder auf dem Geißberg. Wir machten immer einen Wettbewerb, wer am schnellsten den ganzen Tag barfuß laufen konnte. Über den Schotterweg, über frisch geschnittenes Gras, über Steine und Dornen. Am Anfang tat es ziemlich weh, weil wir in Dietikon immer Schuhe anziehen mussten. Aber ich wollte einfach gewinnen, so riss ich mich zusammen und tat so, als hätte ich keine Probleme.

Manchmal nach dem Frühstück fuhr ich mit meinem Onkel auf dem Rapid zur Wiese, um Gras für die Kühe zu holen. Meine Aufgabe war es, mit dem Rechen schöne »Mädli« oder Reihen zu machen, damit er sie mit der Heugabel aufladen konnte. Im frisch gemähten, feuchten Gras hatten sich auch viele Schnecken versteckt. Schon wieder war ich auf eins dieser glitschigen Dinger getreten. »Gruusig!« Und bis ich den klebrigen Schleim wieder von der Fußsohle weggemacht hatte – das dauerte.

Am Abend nach dem Melken halfen wir, die Kühe auf die Weide zu treiben. Sie waren im Sommer über Nacht draußen, weil es am Tag zu viele Fliegen hatte. Wie Großvater lief ich stolz mit einem Stecken in der Hand hinter den Kühen her und schaute, dass sie den richtigen Weg fanden.

Hie und da ließen die Kühe auch etwas fallen. Und jetzt kam das Allerschönste: Mit »blutten« Füßen stand ich in den warmen »Chuepflutter« und schaute zu, wie die braungrüne Masse zwischen meinen Zehen hochquoll.

Das Beste aber war, dass niemand beim Schlafengehen unsere Füße kontrollierte. Manchmal wuschen wir sie im Brunnen vor dem Haus. Manchmal waren wir zu faul oder zogen einfach Socken an.

Heute würde ich Großmutter gerne fragen, was sie dachte, wenn sie am Ende der Sommerferien die ehemals blütenweißen Bettlaken wusch.

Ein anderes Erlebnis betraf das Verhältnis der Kühe zum Stier. Der »Muni«

stand immer angebunden im Stall. Wir wurden angehalten, nicht in seine Nähe zu gehen, weil er gefährlich sei.

Hinter der Scheune stand ein komisches Gestell. Es war viereckig, sehr hoch, schmal und auf einer Seite offen. Manchmal führte Töni eine Kuh aus dem Stall, lockte sie ins Gatter und band sie vorne fest. Dann holte er mit seinem Bruder Paul den Stier. Wir versteckten uns hinter einem dicken Kirschenbaum. Sie wollten nicht, dass wir in der Nähe waren.

Das Tier tat mir leid. Er hatte nämlich einen Ring in der Nase. Man merkte genau, dass es ihn schmerzte, wenn er am Strick gezogen wurde. Darum lief er so brav mit. Ich blieb trotzdem lieber im Versteck. Das Tier machte mir großen Eindruck mit seinem dicken Nacken, den stämmigen Beinen, dem wütenden Blick und den schwarzen Säcken, die zwischen den Hinterbeinen hingen.

Was dann kam, verstand ich nicht ganz. Der Stier wurde hinter die Kuh geführt. Die konnte ja nicht abhauen, weil das Gerüst vorne zu war. Er versuchte auf die Kuh zu steigen. Es klappte nicht beim ersten Mal. Noch ein Anlauf und jetzt saß er mit den Vorderbeinen huckepack auf der armen Kuh. Es dauerte ein paar Minuten, dann wurde er heruntergezogen und weggeführt. Auch die Kuh konnte wieder zu den anderen auf die Weide.

»Töni, was macht der Stier auf der Kuh?«, fragte ich meinen Onkel.

»Ja, weisch du, er wott ebä au emole uf Bütschwil abe luege!«

Mit der Zeit fand ich aber schon heraus, was das bedeuten sollte, denn die vom Stier bestiegenen Kühe wurden immer dicker und Großvater sagte: »Die hier wird bald kalbern!«

Manchmal fiel die Geburt eines Kälbchens genau in unsere Ferien. Wenn es so weit war, wurden Töni und die Großeltern immer nervöser. Großmutter machte ein weiches Bett aus Stroh. Eigentlich sollte sich die Kuh hinlegen. »Ich bringe sie schon noch dazu«, meinte Töni zu Großmutter, damit sie sich keine Sorgen mehr machte.

»Hoffentlich!«, dachte ich. Wenn das Kalb aus der Kuh auf den Boden fiele, würde es sich verletzen.

Töni seifte sich einen Arm ein und steckte ihn der Kuh hinten hinein.

»Ich spüre die Vorderfüße und den Kopf, das Kalb liegt richtig«, rief er erleichtert.

Die Kuh stampfte unruhig hin und her. Dann muhte sie und ließ sich schwerfällig auf den Boden sinken.

»Ursi, hol mir noch die Kalberstricke!«, rief Töni.

Ich wusste genau, wo sie hingen, rannte hin und brachte sie.

»Die Füße kommen!«

Töni befestigte an jedem Fuß einen Strick und in regelmäßigen Abständen zog er fest daran.

»Chum, Ursi, chasch mer hälfe!«

Er gab mir einen Strick und befahl: »Ziehen!« Ich zog aus Leibeskräften.

»Warten!«

»Ziehen!«

Die Beine des Kalbes waren schon weit draußen, und etwas Unförmiges zwängte sich durch die schmale Öffnung, eingehüllt in eine durchsichtige Haut. Ich sah eine Zunge und zwei Augen.

Schwups, das Kalb lag da. Sofort begann Töni es mit Stroh abzuwischen.

»Es Chuechälbli!«, rief er glücklich.

Ich wusste, dass das besser war als ein Stier. Denn eine Kuh gibt Milch und kann auch wieder Kälbchen bekommen. Da hat der Bauer mehr davon. Stiere braucht es ja nur einen und der stand schon im Stall.

Großmutter kam mit einem Teller, auf dem es »Gunfibrötli« hatte. Sie fütterte die Kuh damit. Dann gab sie ihr aus einer Flasche noch geschlagenes rohes Ei mit Schnaps zu trinken. »Das braucht sie als Stärkung!«, sagte sie zu mir.

Nachher begann die Kuh ihr Kind abzuschlecken. Schon versuchte das Kälbchen aufzustehen. Es streckte seine Hinterbeine und kniete hin. Plumps, da war es schon wieder umgekippt. Unermüdlich wiederholte es die Übung. Endlich stand es auf den Vorderbeinen, schwankte gewaltig, streckte die Hinterbeine durch und stand! Es versuchte einen Schritt zu machen. Das war zu viel. Plumps, da lag es wieder.

Als ich am Abend noch einmal vorbeischaute, stand es auf allen vieren und trank bereits Milch bei der Mutter. Bald wurde es aber in einen eigenen Verschlag gebracht. Die Mutter sollte ja bald wieder Milch geben, die man in die Molkerei bringen konnte.

Heute freue ich mich, wenn ich auf einer Weide Kälber sehe, die bei ihren Müttern aufwachsen können. Aber als Kind machte ich mir darüber keine Gedanken. Es war einfach so und die Erwachsenen wussten schon, was richtig war.

Noch ein letztes Geißbergerlebnis von einer Saumetzgete möchte ich erzählen:

Einmal in den Sportferien im Februar sagte mein Onkel Töni: »Morgen kommt der Metzger!« Am nächsten Tag erwachte ich, schlüpfte in meine Kleider und tatsächlich saß der Metzger schon bei einem Kaffee in der Küche.

»Also, geht's los!«, brummte er, stand auf und ging hinaus. Ich eilte ihm hinterher. Töni und Großvater holten eine Sau aus dem Stall und hielten das laut quiekende Tier am Strick. Der Metzger nahm ein silbernes Gerät, setzte es ihr auf die Stirne. Ein dumpfer Knall ertönte. Die Sau riss sich los und rannte davon. Ich verstand die Welt nicht mehr. Jetzt hat er sie doch erschossen, die war doch tot? Warum rannte sie davon? Aber nach ein paar Metern fiel sie zu Boden und machte keinen Wank mehr. Beruhigend sagte der Metzger: »Das ist normal. Die Nerven reagieren manchmal noch, so dass die Sau sogar rennen kann.«

Großmutter brachte ein großes Gefäß. Darin fing sie das Blut der Sau auf und trug es nachher in die Küche. Ich lief ihr hinterher.

»Was macht ihr mit dem Blut?«, fragte ich sie.

»Das gibt feine Blutwürste«, sagte sie.

»Wäh! So öppis gruusigs!«

Als ich wieder hinauskam, stand da ein Kessel und darin steckte der Saukopf. Er schaute mich mit seinen kleinen schwarzen Augen an. Ich erschrak fürchterlich und rannte davon. Was mit dem Rest des Schweines geschah, weiß ich nicht mehr. Zum Mittagessen gab es für die Erwachsenen so komisch labbriges Zeugs. »Es gibt nichts Besseres wie ›Lunge, Nierli und Läberli‹, frisch von der gemetzgten Sau!«, sagte Großvater. Mir wurde es schon beim Zuschauen ganz komisch.

Am nächsten Tag stand Großmutter die ganze Zeit in der Küche. In einem Topf hatte sie das Fett der Sau und ließ es langsam warm werden, bis es schmolz. Den flüssigen Teil gab sie in Schmalztöpfe und in der Pfanne blieben die Grüben zurück. Kleine, braune, knusprige, fettige Teile. Von denen aß ich, bis es mir schlecht war.

Gab es Fleisch zum Mittagessen, versuchte ich nicht mehr daran zu denken, woher es kam, und es sah ja auch ganz anders aus. Je älter Großmutter wurde, umso länger ließ sie das Fleisch auf dem Herd kochen. Dadurch wurde es so trocken und zäh, dass ich minutenlang an einem Bissen kaute und ihn doch nicht schlucken konnte. »Was mache ich mit meinem Mund voll Fleisch?«, fragte ich mich. Ich murmelte etwas von auf die Toilette gehen, schlich davon und ließ den Klumpen ins Klo plumpsen. Erlöst!

Eigentlich hätte ich nach den Ferien in der Schule von diesen Erlebnissen erzählen sollen. Die hätten gestaunt. Aber damals war ich schlicht und einfach zu schüchtern und dachte, das sei nicht erzählenswert.

DIE HOSTIE

Neben der Schule mussten alle Kinder, die katholisch waren, den Religionsunterricht besuchen. Und dann in der dritten oder vierten Klasse regelmäßig am Donnerstag in die St.-Agatha-Kirche in die Kindermesse gehen. Auch Maja kam mit. Ich ging nicht gerne. Wir saßen in den vordersten zwei, drei Reihen. Der Vikar – der Priester kam nur zu speziellen Anlässen – leierte die Messe herunter. Was er erzählte, verstand ich sowieso nicht. Er redete so komisch. Als würde er gleichzeitig auch noch mit Wasser gurgeln. Aber ich wusste ja, wann ich was sagen musste. Die verschiedenen Sprüchlein kannte ich auswendig. Verstanden habe ich sie nicht. Erst später, als ich selber in der Bibel las, tauchten in verschiedenen Geschichten plötzlich die bekannten Verse auf. Jetzt erst begriff ich, was sie bedeuteten.

Von kindgerechtem Gottesdienst war keine Spur zu finden. Manchmal fragte ich mich schon, warum wir so regelmäßig hingehen mussten, aber weder Mutti noch Däddi die Kirche besuchten. Ich dachte mir, dass das wohl nur für Kinder galt.

Dafür konnte ich von den vielen Figuren, die herumstanden, nicht genug bekommen. Sie waren alle wunderschön gekleidet und hatten meistens etwas Goldenes in der Hand. Mit einer Figur hatte ich großes Mitleid. Sie hatte Dornen auf dem Kopf. Das Blut lief ihr übers Gesicht und dann hatten sie ihr noch Löcher in die Hände gemacht. Aber eine andere gefiel mir umso mehr. Sie hatte ein blaues Kleid an und um den Kopf einen goldigen Reifen, der Strahlen wie die Sonne hatte. In den Armen hielt sie ein kleines Kind. Das Kind strahlte auch.

An der Decke hatte es viele nackte Engel mit dicken Bäuchen und Harfen in den Händen.

Nach unendlich langer Zeit sprach der Pfarrer das Amen und wir konnten aus der Kirche fliehen.

Einmal wollte ich unbedingt zu Hause bleiben. Aber wie konnte ich das erreichen? Bauchweh hatte ich keines und lügen wollte ich nicht.

Als ich in der Waschküche für Mutti etwas holen musste, kam mir eine Idee. Ich rüttelte am Tisch, auf dem das Waschmittel stand, und versuchte ihn zu kippen. Als es fiel, hielt ich schnell meinen Fuß darunter. Autsch! Das tat weh. Aber mir war das gleich, wenn ich nur nicht in die Kirche gehen musste. Ich humpelte die Treppe hoch und heulte aus Leibeskräften: »Mutti, der Tisch ist mir auf den Fuß gefallen!«

Mutti kam gerannt und schaute sich meine Verletzung an. Der Abdruck des Tisches war gut zu sehen.

»Kannst du auf dem Fuß stehen?«, fragte sie mich.

»Ja, aber es tut so weh«, weinte ich.

»Nein, so kannst du nicht in den Kindergottesdienst gehen. Maja kann dich entschuldigen.«

Ich ließ mich von Mutti verbinden und trösten. Ich freute mich im Herzen, dass ich zuhause bleiben konnte.

Als ich dann aber vier Tage lang nur mit Schmerzen umherhumpeln konnte, fragte ich mich, ob sich das Ganze überhaupt gelohnt hatte.

Ein Höhepunkt im kirchlichen Unterricht war der weiße Sonntag. Warum er so hieß, war mir unklar. Hatte der Name etwas damit zu tun, dass die Mädchen weiße Kleider trugen?

An diesem besonderen Tag durften wir das erste Mal die heilige Kommunion zu uns nehmen. Die Hostie, die der Priester beim Abendmahl bisher nur den Erwachsenen und den älteren Kindern verteilt hatte.

Die ganze Angelegenheit war mir sehr ernst. Klar freute ich mich auch auf die Geschenke, die ich bekommen würde. Ich war bereit, die erste Hostie mit würdigem Herzen zu empfangen. Wie das genau gehen sollte, war mir zwar unklar. Ich sagte es vorsichtshalber Gott. Dann wusste er, woran er bei mir war.

Mein weißes Kleid war ein abgeändertes Hochzeitskleid einer Nachbarin. Ich freute mich schon, aber die anderen würden sicher schönere, gekaufte Kleider haben, dachte ich. »Aber es geht nicht um das Äußere, sondern um die Kommunion«, redete ich mir ein.

Wir liefen zu zweit in die Kirche. Wir stellten uns in der vordersten Reihe hin und auf ein Zeichen des Priesters konnten wir absitzen. Die Mädchen links, die Buben rechts. Er redete lang und endlich kam der große Augenblick: Eines nach dem anderen durften wir nach vorne gehen und mit offenem Mund die heilige Kommunion empfangen. Oh, wie war uns eingebläut worden, dass die Hostie heilig und Jesus persönlich drin sei. Wir sollten sie ja nicht mit den Fingern berühren! Ich ging nach vorne, öffnete den Mund und der Priester legte mir die Hostie auf die Zunge. Ich wollte sie hinunterschlucken und schon klebte sie an meinem Gaumen. Und jetzt? Ich durfte sie ja nicht mit den Fingern wegkratzen. War das unangenehm! Ich hebelte mit der Zunge daran herum. Warum löste sie sich nicht? Wenn ich wenigstens einen Schluck Wasser gehabt hätte. Aber nur der Priester durfte etwas trinken. Es dauerte eine Ewigkeit, bis die Hostie sich lockerte und den Hals hinunterrutschte. War sie jetzt immer noch heilig?

Nach der Messe spazierten wir nach Hause. Mutti hatte das Mittagessen vorgekocht. Im Wohnzimmer stand der große Tisch, an dem alle Platz fanden. Ein weißes Tischtuch, Geschirr mit Goldrand und sogar Servietten lagen auf den Tellern. Auch meine Gotte war da. Eine vornehme Dame. Dann musste ich auch vornehm essen. Leider wusste ich nicht so genau, wie das gehen sollte. »Am besten mache ich ihr alles nach«, dachte ich. Sie hob das Glas und spreizte den kleinen Finger nach außen. Oje, das war schwierig. Mit der Serviette tupfte sie sich den Mund ab. Wo ist meine? Die lag auf dem Boden. Ich kroch rasch unter den Tisch, und als ich wiederauftauchte, warf mir Mutti einen fragenden Blick zu. Ich zeigte auf die Serviette und sie nickte verstehend. Meine Gotte war Zahnarztgehilfin. Am Morgen hatte ich meine Zähne wie wild gebürstet, damit sie blitzblank waren. Trotzdem verbarg ich sie hinter den Lippen, wenn ich mit der Gotte sprach. Zu groß war meine Angst, dass sie etwas daran aussetzen könnte.

Nach dem Mittagessen spazierten wir zum Kloster Fahr. Ich trug immer noch mein weißes Kleid. Ich war die Hauptperson. Aber die Erwachsenen redeten vor allem miteinander. Das war gut, dann konnte ich mich wieder so benehmen, wie ich es gewohnt war.

Das Missgeschick mit der Hostie geschah mir nicht mehr, weil ich sie jeweils blitzschnell verschlang, bevor sie mit meinem Gaumen in Berührung kam. Als die Priester die Hostie auch in die Hände legen durften, wurde alles noch einfacher.

Das Abendmahl im Gottesdienst nehmen durfte nur, wer vorher gebeichtet hatte. Das betraf auch uns. Weil wir ein reines Herz brauchten, um Jesus zu empfangen. In der Kirche hatte es auf der Seite Beichtstühle. In der Mitte, verborgen hinter einer Tür, saß der Pfarrer. Auf beiden Seiten hing ein dunkelroter Vorhang, den musste ich auf die Seite schieben und dann konnte ich auf eine kleine Bank knien. Vor mir war ein Gitter und dahinter war das Gesicht des Pfarrers versteckt. Jetzt begann ich das Sprüchlein aufzusagen: »Ich bin ein Mädchen von zehn Jahren und habe gesündigt.« Oh, jedes Mal zermarterte ich mir meinen Kopf, was ich sagen sollte. Ich war doch so brav und machte eigentlich nie etwas Böses. Aber ich musste etwas sagen. Das hatte ich so gelernt. Meistens erzählte ich, dass ich mich mit meiner Schwester gestritten hatte. Dann sagte der Pfarrer: »Ich erteile dir die Absolution, gehe hin und sündige nicht mehr. Du betest noch zwei Vaterunser als Buße und dann ist dir vergeben.« Wer vergab mir? Der Pfarrer? Und was hieß »Absolution«? Brav kniete ich mich in die Kirchenbank und murmelte die Gebete. Nachher war ich doch ein bisschen erleichtert. Fest nahm ich mir vor, nie mehr zu streiten.

Aber ich geriet doch wieder mit Maja aneinander. In meiner Not fragte ich bei der nächsten Beichte den Priester: »Was soll ich denn machen, damit ich nicht mehr mit meiner Schwester streiten muss?« Er gab aber nur die übliche Antwort und ich verließ enttäuscht den Beichtstuhl. Hatte ich ihn überfordert?

Bald gab es Bußgottesdienste. Alle bekamen die Möglichkeit, während ein paar stillen Momenten die Sünden zu bekennen. Der Priester sprach uns dann die Vergebung zu. Gemeinsam beteten wir das Vaterunser und das Ave Maria. Das war viel einfacher. Von Jesus und seinem Tod am Kreuz – die Voraussetzung, dass wir überhaupt Vergebung bei Gott erhalten können – darüber wurde kein Wort verloren. Erst als Erwachsene begann ich zu verstehen, dass der Pfarrer uns quasi als Stellvertreter Gottes die Sünden wegnehmen konnte. Irgendwie hatte es mich schon als Kind erstaunt, dass ein Mensch dazu fähig war.

FAMILIENLEBEN

Besonders gefielen mir die Sonntage, wenn wir einen Spaziergang oder eine Wanderung machten. Däddi ging in der Regel voraus, Mutti, Maja, Regina und ich hintennach. Häufig wanderten wir zum Egelsee, der oberhalb Kindhausen im Wald liegt. Däddi schaute meistens zu den Gipfeln der Bäume hinauf. »Das isch ä schön gwachsni Tanne oder die Eiche isch gxund!«, hörte ich ihn murmeln. Manchmal fragte er mich: »Wie heißt dieser Baum?« Wenn ich die Antwort nicht wusste, dann sagte er: »Äh, du bisch ä dummi Babä!« Das hörte ich nicht gerne. Darum versuchte ich möglichst alle Bäume auswendig zu lernen, um sie an den Blättern, Nadeln oder an der Rinde zu erkennen. Aber eigentlich war es mein Ziel, einen Baum zu finden, der ihm unbekannt war. Vielleicht hatte ich mit den Sträuchern mehr Glück. Nur allzu gern würde ich auch einmal sagen können: »Du bisch ä dummi Babe« oder so etwas Ähnliches.

Däddi lotste uns auf seinen Pfaden durch den Wald. Wenn es Zeit wurde, ein Feuer für den Zmittag zu machen, führte er uns noch tiefer ins Gehölz, bis er eine passende Lichtung fand. Uns drei Mädels schickte er los, um Holz zu sammeln. Er schnitzte aus Haselstauden die Stecken fürs Bräteln. Mutti machte die Würste bereit. Die Bratwürste wurden oben und unten, die Servela an den Enden übers Kreuz eingeschnitten.

Das Feuer schichtete Däddi immer nach dem gleichen Muster auf: Zuerst ein bisschen Papier, dann ganz feine Äste, nachher die gröberen, die er zu einem Zelt aufstellte. Er hielt ein Streichholz ans Papier und bald loderte das Feuer. Aber mit Bräteln war noch lange nichts. Erst, wenn nur noch Gluten zu sehen waren, durften wir beginnen.

Mutti steckte die gewünschte Wurst auf den Stecken und los ging es. Bald bogen sich bei meiner Servela die Enden nach hinten und die Wurst ähnelte einem Krebs. Aber ich musste mich gedulden, bis sie ganz durchgebraten war. Dann biss ich voll Vergnügen in die knusprigen, etwas schwarzen Wurstenden und war überzeugt: Nirgends gab es etwas Leckeres als eine Wurst, die auf dem Feuer meines Däddi gebraten worden war.

Hie und da machten wir längere Wanderungen, zum Beispiel über den Heitersberg zum »Tüüfelskeller«. Dort hatte ein Felssturz stattgefunden und unter den Felsen verbargen sich viele Höhlen. Mir war es an diesem Ort nicht wohl. »Tüüfelskeller« tönte sehr gefährlich. Oder wir wanderten über die »Lägern«. Aber auch dort gab es einen Abschnitt, den ich fürchtete. Eine Mutter von zwei Kindern war bei einem schmalen Wegstück eine Felswand hinuntergestürzt und gestorben.

Das Ende der gemeinsamen Spaziergänge hat Mutter in ihrem Buch so beschrieben:

Als Maja ungefähr vierzehn Jahre alt war, begann sie zu rebellieren. »Immer diese ›Familientürks‹ am freien Sonntag. Alle meine Freundinnen müssen nicht mehr mit auf den Sonntagsspaziergang!« reklamierte sie, als wir wieder einmal losmarschierten. Wir blieben hart. Für uns war es unvorstellbar, die Tochter alleine zuhause zu lassen und ohne sie auf die Wanderschaft zu gehen. Ursi wurde auch angesteckt und eines Sonntags, schon beim Zmorgen, ging es los: »Wir kommen heute nicht mit! Ihr könnt ohne uns gehen. Wir wollen zuhause bleiben.« Däddi blickte auf: »Doch, ihr kommt mit! Da gits kei Bire und Brot!« Er sagte nicht viel, aber dann galt es. Widerwillig zottelten sie mit uns zum Bahnhof. Im Zug bezogen »Madam und Gefolge« ein eigenes Abteil weit hinten. Am Ziel stiegen Däddi und ich aus. Und die Fräuleins? Sie kamen auch. So wanderten wir los. Die Mädchen hielten immer einen grossen Abstand zu uns Rabeneltern. Endlich war es Mittag. Walter begann das Feuer herzurichten. Was machte Maja, Ursi und Regina? Auch die Jüngste, das sechsjährige Rugeli, hatte sich mit ihnen verbündet. Sie sammelten ihr eigenes Holz und entfachten in gebührender Entfernung ihre eigene Brätlistelle. Die Esswaren durfte ich ihnen gnädigerweise liefern. Diese Rebellion hielten sie unbarmherzig durch, bis wir wieder zuhause waren. Das war uns eine Lehre. Wir mussten uns eingestehen, dass es einmal so weit ist, dass die Kinder nicht mehr im Schlepptau der Eltern ihre Sonntage verbringen wollen. Von da an zwangen wir sie nicht mehr, mitzukommen. Entweder gingen wir allein oder blieben auch zu Hause. Hie und da gab es dann doch wieder einmal einen gemütlichen Familienausflug, aber auf freiwilliger Basis.

Mutti schmiss den Haushalt und wir mussten auch etwas helfen. Zum Beispiel den Küchenboden wischen oder abtrocknen. Beim Wischen war mein Werk für Maja nie sauber genug. Energisch nahm sie mir den Besen aus der Hand und putzte ein zweites Mal. »Warum eine Arbeit machen, die für nichts ist?«, sagte ich mir und ließ den Besen links liegen.

Auch mit dem Abtrocknen stand ich auf Kriegsfuß: Das störte mich in meiner viel wichtigeren Beschäftigung, dem Lesen.

Wenn das Mittagessen vorbei war, genoss Däddi noch seinen Kaffee und tauchte ein paar Kekse hinein. Ich stibitzte auch einen und durfte sogar an Däddis Kaffee nippen. Er schmeckte mir sehr, auch wenn Schnaps drin war. Vater legte sich für sein Nickerchen auf die Eckbank. Er passte haargenau auf die kurze Seite. Als Mutter das Abwaschwasser einließ, sich mit dem Lappen bewaffnete und dem vielen Geschirr an den Kragen ging, schlich ich mich schnell aus der Küche.

Heute war nämlich ich an der Reihe, um das Geschirr abzutrocknen.

Ich machte es mir auf meinem Bett gemütlich, nahm ein Buch zur Hand und verlor mich in der Welt der Indianer. Jetzt war ich das mutige, weiße Mädchen, das vom Volk der Apachen entführt worden war. Nach einer Weile war es mir, als hörte ich eine Stimme, die von weit her etwas rief.

Aber ich musste gerade eine Mutprobe bestehen und konnte nicht reagieren.

»Ursi, chumm go abtröchnä!«

Jetzt war die Stimme doch in mein Abenteuer eingedrungen und ich hatte nur allzu deutlich verstanden, was Mutter gerufen hatte.

»Ich chumä grad. Sisch ebe cheibe spannend«, antwortete ich.

Schon war ich wieder weggetaucht und schlich mich auf allen vieren durch die Steppe. Ich durfte kein Geräusch machen, sonst würde ich die Mutprobe nicht bestehen.

Ein Schatten fiel über das Buch. Mutti stand da und drohte: »Zum letzten Mal! Jetzt kommst du aber sofort!«

»Ja, nur noch diese Seite zu Ende lesen.«

Mutti ging wieder in die Küche.

Als ich endlich in der Küche auftauchte – ich weiß nicht mehr genau, wie lange und wie viele Seiten das gedauert hatte – , war der Geschirrberg verschwunden und die Küche fix und fertig aufgeräumt.

»Jetzt wollte ich doch abtrocknen kommen«, murmelte ich vor mich hin.

»Das hat mir zu lange gedauert. Jetzt habe ich es selber gemacht«, sagte Mutter.

Kurz plagte mich ein schlechtes Gewissen, aber der Trick mit dem Lesen funktionierte fast jedes Mal!

Lesen war meine Leidenschaft. Stundenlang lag ich im Stübli auf dem Sofa – dort war es heller als im Schlafzimmer – und verschlang ein Buch nach dem anderen. Um in die Bibliothek zu gelangen, musste ich nur die Straße überqueren, vier Treppen hochsteigen und schon tat sich vor mir ein Paradies auf. Als ich in der Sekundarschule bei den Kinderbüchern durch war und sie mich auch nicht mehr interessierten, bediente ich mich bei den Erwachsenen. Ein wahrer Fundus an Erlebnissen, Abenteuern und Liebesgeschichten tat sich auf. Ein Fortsetzungsroman ist mir besonders in Erinnerung geblieben: sieben Bücher, jedes mit großem Umfang. Ich staune heute noch, welche Phantasie der Schriftsteller haben musste, um mit seiner Geschichte siebentausend Seiten zu füllen!

Turnen war ein anderes Hobby: Mädchenriege, Minitramp, Kunstturnen und in der dritten Sekundarklasse kam auch noch die Damenriege dazu.

Hinter unserem Haus lag ein Turnplatz. Mich zog es besonders zu den Kletterstangen. Auf den schrägen Stangen kletterte ich wie ein Affe in die Höhe. Blitzschnell war ich zuoberst und setzte mich auf die Querstange. Hie und da packte mich der Übermut und ich machte eine »Glocke«. Ich behielt die Querstange in den Kniekehlen, ließ mich nach hinten sinken und hing kopfunter in luftiger Höhe. Mutti und Däddi wussten nichts von meinen Kunststücken, denke ich. Was hätten sie wohl gesagt?

Meine Eltern besaßen immer einen Garten, einen »Pflanzblätz«. Manchmal waren wir am Abend nach der Arbeit und am Samstagnachmittag dort. Mutti und Däddi arbeiteten. Maja, Regina und ich spielten. Manchmal halfen wir die Steine aus den Gartenbeeten wegzuräumen. Super war es, wenn Däddi um die Mittagszeit oder gegen Abend ein Feuer machte und es die feinen Servelas oder Bratwürste gab. Dazu eine Scheibe dunkles Brot, das wir in der Nähe in der Bäckerei geholt hatten. Ein Kilo für 95 Rappen.

Däddi hatte kein Auto, dafür eine Vespa. Wenn die Arbeit fertig war, lud er das geerntete Gemüse auf den Gepäckträger, Mutti setzte sich hinter ihn und ich stellte mich zwischen Däddis Beine und los ging die Fahrt. Natürlich alle ohne Helm.

Schulkarriere

Die Primarschule verlief unspektakulär. Meine Noten waren genügend und ich hatte keine Probleme mit dem Schulstoff. Die Lehrperson wechselte fast jedes Jahr. Das gefiel mir nicht besonders, aber war nicht zu ändern. In der vierten Klasse war die Lehrerin sehr streng, aber ich mochte sie. Leider fuhr sie nach einem Jahr nach England. Ich schrieb ihr fleißig und bekam sogar Antwort von ihr. Briefe in Umschlägen mit rot-blau gestreiften Rändern und wunderschönen Briefmarken.

Die neue Lehrerin war nicht streng, darum war es immer laut in der Klasse. Manchmal lachte sie so komisch. Tief und glucksend, und ihr ganzer Oberkörper wackelte dabei.

In der Schule musste ich zuvorderst sitzen, damit ich das Geschriebene an der Wandtafel lesen konnte. Neben mir saß Karl. Mit dem hatte ich andauernd Boxkämpfe. Aber nicht böswillige, sondern eher kollegiale. In der Pause spielten wir Räuber und Bulle. Ich wurde nie gefangen oder fast nie, weil ich so schnell und wendig war. Auch beim Völkerball wurde ich meistens als eine der Letzten abgeschossen.

Am Schulsilvester trafen wir uns morgens um sechs Uhr, alle mit Pfannendeckel bewaffnet. Wir wollten durchs Dorf ziehen und Lärm machen, um das alte Jahr zu vertreiben. Es war Brauch, dass der als Letzter Eintreffende als »Silvester« verspottet wurde. Er musste ein Nachthemd überziehen, sich in einen Leiterwagen setzen und wurde von allen ausgelacht. Ich hatte regelrecht Panik, dass ich das sein könnte. Die Angst, nicht rechtzeitig zu erwachen, ließ mich am Abend kaum einschlafen. So geschah es, dass ich einmal erwachte und mit Schrecken feststellte, dass ich zu spät dran war. Ich stand auf, lief zur Eingangstür. Sie war geschlossen. Wild rüttelte ich daran und rief: »Ich muss doch gehen, sonst bin ich der ›Silvester‹!«

Etwas berührte mich an der Schulter und eine Stimme sagte: »Ursi, uufwache! Du träumsch nume.«

Ich schüttelte die Hand ab und versuchte erneut mit aller Kraft, die Tür zu öffnen.

»Ursi! Aufwachen!«

Jetzt drang die Stimme bis zu mir durch. Ich öffnete die Augen. Ich stand vor der Wohnungstür, die Klinke in der Hand und Mutti im Nachthemd neben mir. Ich hatte auch noch das Pyjama an. Welche Erleichterung!

»Du hast geschlafwandelt. Jetzt gehst du nochmals ins Bett und ich wecke dich rechtzeitig«, sagte Mutti.

Wo wäre ich gelandet, wenn die Tür nicht abgeschlossen gewesen wäre?

Mit der Note 4,5 schaffte ich es prüfungsfrei in die Sekundarschule. Am ersten Schultag mussten wir uns alle im Gang des Schulhauses versammeln, um eingeteilt zu werden. Ich war so nervös und hatte vor all dem Unbekannten große Angst. Sie verteilten uns auf drei Klassen. Eine der Lehrkräfte trug häufig einen rosaroten Hosenanzug. Wir nannten sie deshalb »Schweinchen«. Sie war wohl eine gescheite Frau, aber sie konnte uns keine Mathematik beibringen. Das schaffte erst ihre Nachfolgerin in der dritten Sekundarklasse. In einem Jahr vermittelte sie uns den Stoff von fast drei Jahren!

Der Deutschlehrer konnte herrliche Geistergeschichten erzählen. In der letzten Stunde vor den Ferien befahl er uns, das Zimmer zu verdunkeln, und dann begann er zu erzählen. Er schilderte die Erlebnisse so lebendig und spannend, als wäre er selber dabei gewesen.

Auch etwas anderes beherrschte er sehr gut: Jemanden vor der ganzen Klasse bloßzustellen.

Wir mussten hie und da unsere Aufsätze vorlesen. Einmal war »Mein Traumberuf« das Thema. Ich stellte mich vor die Klasse und begann zu lesen und endete mit dem Satz: »Darum möchte ich gerne Krankenschwester werden.«

Mit spöttischem Ton sagte der Lehrer: »So, so, du wötsch Chrankeschwöschter werde!« Alle lachten.

Er war auch überzeugt, dass ich die Aufnahmeprüfung ins Unterseminar – um die Ausbildung als Lehrerin zu beginnen – nicht schaffen würde. Nur seinen Lieblingen traute er es zu.

»Dir will ich's zeigen!«, schwor ich mir. Ich begann wie verrückt, die Aufnahmeprüfungen der letzten Jahre zu machen. Als der Prüfungstag vorbei war, realisierte ich beim Vergleichen mit den anderen, dass ich vor allem im Rechnen gut abgeschnitten hatte. Eine kleine Hoffnung keimte in meinem Herzen, dass es gereicht haben könnte. Nun begann das Warten.

Als ich eines Mittags nach Hause kam und Mutti mir mit Tränen in den Augen sagte: »Du hast bestanden!«, tanzte ich in der Wohnung herum und jubelte laut. Voll Freude lief ich am Nachmittag in die Schule. »Mit Genuss werde ich dem Lehrer das Resultat unter die Nase reiben!«, dachte ich. Als ich die anderen Prüflinge sah, verstand ich die Welt nicht mehr. Warum machten alle so enttäuschte Gesichter? Bald war es klar: Ich war die Einzige, die es geschafft hatte!

In der Oberstufe gab es auch Klassenfeste. »Fez« nannten wir die Anlässe. In irgendeinem Raum oder Keller, geschmückt mit Girlanden, lief Musik. Viele tanzten, andere knabberten Salznüsschen oder schwatzten miteinander. Ich saß meistens in einer Ecke. Von den Schulkollegen wurde ich nie zum Tanzen aufgefordert. Sahen sie mich gar nicht? Mein Selbstwert wurde dadurch nicht besonders gefördert. Nur einmal kam ein Lehrer auf mich zu und wollte mit mir tanzen.

Auf einer zweitägigen Schulreise in der zweiten Klasse übernachteten wir in einer Hütte. Wir schliefen fast nicht, weil wir andauernd Blödsinn machten und die ganze Zeit lachten. Früh am Morgen stiegen wir auf einen Berg, um den Sonnenaufgang anzuschauen. Mutter hatte mir viel Essen fein säuberlich in Plastikbehälter eingepackt mitgegeben, das für die beiden Tage reichen sollte. Ich hatte aber kaum Hunger. Auf der Heimfahrt öffnete ich einen der Behälter und schloss ihn gleich wieder. Fast musste ich erbrechen. Es stank fürchterlich. Der Geruch von damals steigt mir heute noch manchmal in die Nase, wenn ich die Tür zu einer Garderobe öffne.

Nach der dritten Sekundarklasse begann im Frühjahr 1975 der erste Schultag im Unterseminar in Küsnacht. Vor vierzig Jahren bestand die Ausbildung zur Lehrerin aus zwei Stufen: Zuerst vier Jahre Unterseminar mit kantonaler Matura, nachher ein Jahr Oberseminar und schon wurde man mit knapp zwanzig Jahren auf die Kinder losgelassen.

Nach der Begrüßung schickte der Rektor uns in die zugeteilten Klassenzimmer. Unseres war in einem Turm, ziemlich entfernt von den anderen Gebäuden. Mit einer kleinen Küche nebenan waren wir bestens ausgerüstet. Ich nahm Reste von zuhause mit, die ich dann zum Mittagessen aufwärmte.

Einmal waren wir zu dritt in der Küche. Mein Essen war bereits gewärmt und ich machte es mir am kleinen Tisch gemütlich. Auch Hänsi setzte sich dazu. Retos Blumenkohl mit weißer Sauce schmorte noch im Topf. Muttis Geschnetzeltes und die Knöpfli schmeckten mir sehr. Reto stellte seinen Teller auf den Tisch und begann zu essen. Plötzlich blieb sein Löffel in der Luft schweben.

»Was ist das?«, rief er erstaunt und streckte uns den Löffel hin.

Mir zog es den Magen zusammen und meine Chnöpfli wollten wieder »obsi« kommen: Inmitten der Blumenkohlröschen und der weißen Sauce lag ein grünes, zusammengerolltes Ding.

»Das ist eine Raupe!«, sagte Hänsi.

»Ach, so!« Reto stand auf, schmiss die Raupe in den Abfalleimer und aß weiter, als wäre nichts geschehen.

Mein Hunger war vorbei.

Noch heute, wenn ich Blumenkohl esse, habe ich Angst, auf Raupen zu stoßen.

Wir freundeten uns schnell an. Mich zog es vor allem zu Vreni hin. Sie kam aus einer Bauernfamilie, und da auch ich meine bäuerlichen Erfahrungen durch die Ferien auf dem Geißberg hatte, verstanden wir uns gut. Hie und da übernachtete ich bei ihr. Wir schwatzten bis tief in die Nacht miteinander. Am Morgen freute ich mich darauf, in das herzhafte, knusprige Bauernbrot zu beißen. Weniger Freude bereitete mir der Kaffee, in dem weiße Fetzen herumschwammen. Warum gab es keine »Siebeli«? Mit geschlossenen Augen brachte ich das Getränk hinunter und versuchte den Brechreiz zu ignorieren.

Mit Vreni machte ich auch die erste Bekanntschaft mit der Bibel. Obwohl ich fleißig die Gottesdienste in der katholischen Kirche besuchte, hatte ich noch nie von einer Bibel gehört und dass dort die Texte drinstanden, die uns vorgelesen wurden.

Vreni und ich lasen zusammen verschiedene Abschnitte und versuchten uns einen Reim darauf zu machen, doch die Geschichten blieben uns ein Rätsel.

Im dritten Schuljahr wurden Vrenis Schwierigkeiten in der Schule immer größer. Schon zweimal war sie provisorisch in die nächste Klasse versetzt worden und schaffte es mit Würgen und Brechen, sich in die nächste Klasse zu retten. Ich versuchte sie zu unterstützen, wo ich nur konnte. Aber trotz des Lernens versagte sie in den Prüfungen. Im Herbst 1977, als Vreni wieder eine schlechte Note nach der anderen kassiert hatte, kamen wir auf die Idee, zusammenzuziehen. So könnten wir noch intensiver gemeinsam lernen, überlegten wir.

»Am besten suchen wir eine Wohnung in Küsnacht. So haben wir auch keinen langen Schulweg mehr«, meinte Vreni.

Gemeinsam zogen wir durch die Straßen und beobachteten die Häuser. Überall, wo wir geschlossene Fensterläden sahen, drückten wir auf die Klingel und erkundigten uns, ob eine Wohnung frei wäre. Diese Methode hatte Erfolg: Wir fanden in einem Dreifamilienhaus eine kleine Wohnung direkt unter dem Dach! Ein Zimmer zum Schlafen; eines fürs Wohnzimmer, in der Mitte die Küche mit einem Kochherd; eine Treppe tiefer ein Schüttstein mit fließend kaltem Wasser und die Toilette befand sich im Erdgeschoss. Bald nachdem wir eingezogen waren – unsere Eltern hatten uns tatsächlich die Erlaubnis zu diesem Abenteuer gegeben – , wurde es kälter und kälter. Wir hielten uns hauptsächlich in der Küche auf. Nur dort konnten wir mit einem Kohlenofen heizen.

Vreni und ich lernten viel miteinander. Aber es klappte einfach nicht. Eine Prüfung nach der anderen missriet.

Ich wurde immer müder und verzagter. Hatte ich zu viel Verantwortung für Vreni übernommen? Ich schwang mit ihren Nöten mit und war zunehmend überfordert.

Im Januar geschah es häufig, dass ich am Morgen erwachte und Eisblumen das Fenster zierten. Zu meinem Erstaunen hatten sich die filigranen Kunstwerke auf der Innenseite gebildet. Auch das Bettzeug war feucht und klamm. Ungemütlich. Ich flüchtete in die Küche, heizte ein und bald breitete sich wohlige Wärme aus.

Die Belastung durch Vrenis Schulversagen wuchs mit jedem Tag, aber auch die ewige Kälte trug dazu bei, dass ich mich immer mehr nach einer warmen Wohnung und einem gedeckten Tisch sehnte.

Als Vreni und ich über unsere Situation sprachen, entschieden wir, das Wohnexperiment zu beenden. Wieder zuhause bei Mutti und Däddi, realisierte ich erst, wie stark mich Vrenis Leiden beschäftigt hatte. Als es sich abzeichnete, dass Vreni den Übergang in die nächste Klasse nicht mehr schaffen würde, quälte mich die Frage, ob ich noch länger hätte aushalten müssen; ob ich etwas hätte verhindern können …

Jetzt waren wir in zwei verschiedenen Klassen und unsere Freundschaft versandete immer mehr.

Nie aber werde ich die Weihnachtsferien 1976/77 vergessen, die Vreni und ich im Tessin in der Wohnung eines Bekannten verbrachten. Wir unternahmen Entdeckungsreisen. Einmal waren wir im tiefen Schnee unterwegs. Einfach der Nase nach. Nach einer Weile stießen wir auf eine Alp mit verschiedenen Hütten. »Das wäre doch ein toller Ort, um hier mit unseren Freunden aus der Klasse die nächsten Sommerferien zu verbringen!«, sagte Vreni. Ich war sofort dabei. Alles, was archaisch, einfach und abenteuerlich war, begeisterte mich im Nu. Vrenis Bekannter erkundigte sich im Dorf, wem die Alp gehörte und ob wir sie für unsere Ferien nutzen könnten. Tatsächlich bekamen wir grünes Licht. In den Sommerferien wollten wir zwei Wochen im Tessin verbringen. Da gab es einiges zu planen.

Da in der Hütte nichts vorhanden war, überlegten wir zuerst, was wir alles mitnehmen mussten. Es gab eine lange Liste, die wir unter uns aufteilten. Aber da Brigitte, Mäcke, Hänsi und Reto mit dem »Töffli« ins Tessin fahren wollten und Vreni und ich den Zug nahmen, landete das meiste bei uns. Du meine Güte, war mein Rucksack schwer! Nur mit Muttis Hilfe konnte ich ihn auf den Rücken hieven. Beim Gehen schlug mir der Kochkessel um die Beine und immer wieder drohte ich das Gleichgewicht zu verlieren. So würde ich es nie schaffen, den Weg von einer Stunde den Berg hinauf bis zur Hütte zu gehen. Vreni und ich beschlossen, nur bis zum Dorf zu reisen, dort das Gepäck zwischenzulagern und auf die »Töfflifahrer«

zu warten. Ehr- und redlich würden wir dann die schwere Last unter uns aufteilen.

Als sie auftauchten, waren sie in Hochstimmung und gaben eine lustige Geschichte nach der anderen zum Besten: »Hänsi musste seinen Solex fast den Gotthard hinaufschieben, weil sein Töff zu wenig Saft hatte«, erzählte Reto lachend. »Ja, dein Moped war nicht besser, du hattest ja schon nach ein paar Kilometern den ersten Platten!«, gab ihm Hänsi zurück.

Als wir alle gleichmäßig beladen den Aufstieg unter die Füße nahmen, wurden alle ganz still und man hörte nur noch schweres Atmen.

Als wir bei unserem Ferienparadies ankamen, ließen wir die Rucksäcke fallen und legten uns dazu. Dann begann das Einrichten: Eine Hütte diente als Küche, die andere mit dem Heustock zum Schlafen. Zuerst entfernten wir die vielen Brennnesseln, die um die Hütte wuchsen, und sammelten Holz, damit wir bald etwas kochen konnten. Das Schlafgemach war schnell eingerichtet: den Schlafsack im Heu ausrollen und fertig. Das Plumpsklo lag ein gutes Stück entfernt und kam uns mit der verschließbaren Tür feudal vor. Wo könnten wir uns waschen? Nicht weit entfernt gab es einen Wasserfall und im gestauten Wasser fanden wir einen idealen Badeteich.

Alles brauchte seine Zeit. Um Kaffee und Tee zu brühen, musste zuerst ein Feuer brennen. Meistens kochten wir einmal am Tag etwas Warmes. Aber es gab nur einfache Speisen: »Gschwellti«, Spaghetti mit Butter und Käse, Nudeln mit einer fertigen Jägersauce. Wenn ein Gewitter aufzog, verkrochen wir uns in unsere Schlafsäcke im Heu und warteten, bis es vorbei war. Ich genoss es, zwischen meinen Freunden zu liegen, und fühlte mich bestens beschützt.

Als die zwei Wochen vorbei waren, reisten die »Töfflifahrer« einen Tag früher ab. Vreni und ich übernahmen das Aufräumen. Ihr Bekannter kam vorbei, um zu schauen, ob alles in Ordnung sei.

»Ihr habt tipptopp aufgeräumt«, lobte er uns. »Bis aufs Plumpsklo. Ihr habt das falsche benutzt. Nun müsst ihr es noch leeren, damit es der Besitzer wieder gebrauchen kann.« Vreni und ich schauten uns entsetzt an. Wer würde in die Grube steigen und die stinkende Brühe ins richtige Loch befördern?

Vreni opferte sich und ich bin ihr heute noch dankbar dafür!

Ich ging gerne in die Schule, weil ich gute Freunde gefunden hatte. Im Unterricht war ich eher scheu, und wenn mich ein Lehrer aufrief, wurde ich sofort rot. Schlimm war auch meine Angst, wenn ich vor der Klasse etwas vortragen musste. Sie bescherte mir schlaflose Nächte.

Als ich einem Schulkollegen von dieser Angst erzählte, riet er mir, autogenes Training zu versuchen. Ihm habe das sehr geholfen, da er auch sehr schüchtern sei. Das Büchlein, das er mir gab, studierte ich vorwärts und rückwärts. Ich kann mich nur noch erinnern, dass ich jeden Abend im Bett lag und unzählige Male die gleichen Worte aussprach: »Ich werde nicht rot und habe keine Angst!« Das sollte mir helfen – so hieß es in der Broschüre: In den schwierigen Situationen müsste ich nur dieses Mantra aufsagen, und dann geschähe das Wunder und ich würde nicht mehr rot oder die Angst wäre verschwunden.

Ein paar Wochen hielt ich das durch. Aber da ich nach wie vor rot wurde und sich die Nervosität in keiner Weise gelegt hatte, hörte ich damit auf.

Es dauerte nicht lange und derselbe Kollege kam wieder auf mich zu und sagte: »Ursi, vergiss das autogene Training. Ich habe etwas viel Wertvolleres gefunden: Jesus Christus.«

»Soll ich ihm sagen, dass ich sowieso mit den blöden Sprüchen aufgehört habe?«, überlegte ich mir.

Aber er fuhr gleich fort: »Ich habe mich bekehrt. Jesus Christus ist für mich gestorben und hat mir alle Sünden vergeben. Jetzt bin ich gerettet und habe das ewige Leben erhalten. Ich habe keine Angst mehr vor dem Reden vor der Klasse und vor dem Blamiertwerden. Jesus hilft mir in jeder Situation.«

Ich ging ja regelmäßig in die katholische Kirche, aber so hatte ich noch niemanden über Jesus sprechen gehört.

»Willst du mal in meine Kirche mitkommen?«, fragte er. »Immer am Samstagabend treffen wir uns um sieben Uhr.«

Das interessierte mich und ich sagte zu.

Als wir uns am nächsten Samstagabend am Bellevue in Zürich trafen, war es mir mulmig ums Herz. Über dem Eingang zum Saal hing ein Schild: »One Way« (Ein Weg). Der Gottesdienst war anders als eine katholische Messe. Kein Klimbim, schlicht und einfach. Die Menschen redeten mit Gott, als wenn er gegenüberstünde. Als dann aber der Prediger davon sprach, dass ich ohne Jesus verloren wäre und in die Hölle käme, wuchs in mir eine riesige Angst. Nein, das wollte ich auf keinen Fall! Wie war ich erleichtert, als er auch den Ausweg aus diesem Dilemma schilderte: Jesus in mein Herz aufzunehmen und mit ihm zu leben, das würde mich retten. Ich ergriff die Gelegenheit und meldete mich, als der Prediger fragte, wer zu diesem Schritt bereit wäre.

Zwei Leute begleiteten mich in ein Nebenzimmer, ich stammelte ein Gebet und sie beteten auch. Dann umarmten sie mich mit Tränen in den Augen und sagten: »Nun bist du ein Gotteskind und gerettet. Die Engel im Himmel freuen sich über dich!«

Gegen halb zwölf schwebte ich glücklich durchs Niederdorf zum Hauptbahnhof – allein, ein siebzehnjähriges Mädchen –, um noch den letzten Zug nach Dietikon zu erwischen. Angst? Keine Spur! Ich hatte Jesus, der bei mir war.

Das Hochgefühl hielt die ganze Woche über an. Voll Freude traf ich am nächsten Samstag Punkt sieben Uhr beim One Way ein. Mein Schulkollege war nicht da, dafür nahm mich Werner unter seine Fittiche. Der Leiter teilte uns in zwei Gruppen ein und schickte uns auf die Straße, um Leute zum Gottesdienst einzuladen oder mit ihnen über den Glauben zu reden. Da stand ich nun auf dem Bellevueplatz und versuchte meine Zettel mit den Informationen loszuwerden. Innig hoffte ich, dass mich ja niemand irgendetwas fragen würde, wusste ich selber doch noch fast nichts über diesen neuen Glauben. Endlich war die Zeit um. Schnell verstaute ich alle Einladungen in meinem Rucksack, damit niemand merkte, dass ich kaum eine abgegeben hatte.

Nach zwei, drei Monaten, in denen mein Widerstand gegen diese Verteilaktionen immer größer geworden war und mich auch andere Sachen immer mehr störten, ging ich nicht mehr ins One Way. Zurück blieb ein schlechtes Gewissen, weil ich mich der christlichen Gemeinschaft entzogen hatte und nicht mehr evangelisierte. Dabei war das doch das A und O für eine »richtige« Christin! So hatte man es mir beigebracht.

Das schlechte Gewissen begegnete mir in meinem Glaubensleben immer wieder. So zum Beispiel, als ich Jahre später Predigten des Evangelisten Pahls hörte, der im Hallenstadion Zürich darüber sprach, was mit Menschen geschieht, die sich nicht Jesus zuwenden. Während er mit machtvollen Worten und Gebärden die Hölle beschrieb, in der diese landen würden, wuchs in meinem Herzen eine Spannung, die mich fast zerriss. Gilt das Ja, das ich im One Way Gott gab, oder genügt es nicht? Als Antwort auf mein Dilemma gab es nur eine Lösung: Ich folgte Pahls Aufruf und bekehrte mich noch einmal.

Aber nach der x-ten Bekehrung hatte ich genug und mied fortan solche Predigten. Aber die Frage, ob ich bei Gott nun wirklich genüge, ließ mich nicht los. Später lud ich mir noch mehr christliche Forderungen auf: stille Zeit machen, Bibel lesen, beten, von Gott erzählen, Gutes tun, in der Kirche helfen, freundlich sein zu allen, sich selber vergessen und für andere da sein ... Dieser Katalog ließe sich unbeschränkt verlängern. Alles, was ich aufgezählt habe, sind gute Sachen. Doch wenn sie aus einem »Zwang« heraus gemacht werden und nicht aus freiem Herzen, werden sie schwer und beginnen zu drücken. So erlebte ich nicht mehr die Freiheit und Freude, die Jesus uns schenken möchte, sondern nur noch eine große Last.

Mit über vierzig Jahren erkannte ich mehr und mehr, welch drückendes Joch ich mir aufgeladen hatte. Mit Gottes Hilfe konnte ich es ablegen. Ich erlebte eine große Befreiung, und mein Glaube wurde fröhlicher und leichter.

Jetzt erst verstand ich die Bedeutung dessen, dass Jesus alles für mich getan hatte und dass ich so, wie ich bin, genüge. Punkt.

Das Wissen von Gottes unerschütterlicher Liebe, die nie aufhört, egal was ich mache und was geschieht, schafft einen Boden, auf dem ich sicher gehen kann. Texte aus der Bibel, wie zum Beispiel aus dem Römerbrief im Kapitel acht, bestätigten mich immer wieder. Paulus schreibt: »Denn ich bin überzeugt: Weder Tod noch Leben, weder Engel noch andere Mächte, weder Gegenwart noch Zukünftiges, weder hohe Kräfte noch tiefe Gewalten – nichts in der ganzen Schöpfung kann uns von der Liebe Gottes trennen, die uns verbürgt ist in Jesus Christus, unserem Herrn.«

Die letzten fünfzehn Jahre waren nicht einfach, manchmal kaum ertragbar, voll Leid und Schwierigkeiten. Aber dieser sichere Boden hat gehalten und ich kann nur sagen: »Mein Leben ist farbig, reich und einmalig.«

Im letzten Schuljahr des Unterseminars beschlossen wir zu fünft in den Sommerferien eine Wanderung durch den Jura zu machen. Alles Notwendige nahmen wir mit. Wieder einmal waren die Rucksäcke sehr schwer. Am ersten Tag schafften wir es knapp bis Saignelégier. Der ständig nieselnde Regen vereinfachte das Ganze gar nicht. Bei einem Bauernhof fragten wir nach, ob wir irgendwo zelten könnten. Sie erlaubten uns auf einer Wiese die Zelte aufzustellen. Früh morgens erwachte ich, weil ich komische Geräusche hörte. Irgendetwas stand neben dem Zelt und schnaufte schwer. Dazwischen machte es ritsch, ratsch. Mit klopfendem Herzen öffnete ich den Reißverschluss und blickte direkt in zwei braune, große Augen eines Pferdes. Aus seinem Maul hing ein Büschel Gras. Um unsere Zelte herum hatte sich eine ganze Herde versammelt, die uns neugierig beäugte. Freiberger seien das, belehrte mich Brigitte.

Da das nasse Wetter anhielt, entschieden wir uns, den Zug zu nehmen und nach Neuenburg zu fahren. Wir hatten bereits mit Frère Antoine, einem Onkel von Brigitte, abgemacht, dass wir bei ihm logieren konnten. Er gehörte zum Orden der französischen Schulbrüder (Frère écolien) und war Rektor eines Instituts für junge Burschen aus der Deutschschweiz.

Hoch über dem Neuenburgersee lag das Fontaine André, eine Abtei, die der Bruderschaft gehörte. Im Pförtnerhäuschen war der oberste Stock zu einem Massenlager umgebaut worden. Wir genossen die weichen Matratzen, das fließende Wasser und die Küche im untersten Stock. Nun wurden unsere Mahlzeiten wieder etwas abwechslungsreicher.

»Frère Uncle«, so nannten wir Antoine, war mir schon länger zu einem wertvollen Seelsorger geworden, dem ich viel anvertrauen konnte und der mir geholfen hatte, eine Beziehung zu Gottvater zu finden, die nicht auf

Druck oder Angst aufgebaut war. So war er auch einmal an einem katholischen Jugendtreffen im Fricktal dabei. Ich hatte mich abseits des Trubels hingesetzt und hoffte, dass mich jemand in meinem Leid bemerken würde. Natürlich am liebsten der Frère Uncle. Tatsächlich kam er, legte seinen Arm um meine Schulter und fragte mich, was los wäre. Ich erzählte ihm von meinem Kummer und den Ängsten, die mich plagten. Er tröstete mich liebevoll und machte mich auf den aufmerksam, der immer bei mir sei. Er erklärte mir das Vaterunser und wir beteten es zusammen. An die Geborgenheit, die mich in diesem Moment erfüllte, kann ich mich auch heute noch erinnern. Beim Verabschieden ermutigte er mich, nicht einfach traurig herumzusitzen und zu »kümmerlen«, sondern mich aktiv um ein Gespräch zu bemühen.

Mein Leben bestand aber nicht nur aus Ferien. Dazwischen hatten wir auch Unterricht. Die verschiedensten Lehrerinnen und Lehrer begleiteten uns. Die einen waren streng, andere komisch, gemütlich, weltfremd oder einen erlebte ich auch als ungerecht.

Zum Beispiel der Biologielehrer: Ein hagerer, langer Mann mit ausgeprägten Launen. In der Klasse hatte er sich Lieblinge auserkoren. Wer nicht dazugehörte, musste leiden, weil er gemein werden konnte. Nie mehr vergesse ich den Tag, als er mit einem Glas voller Stabheuschrecken das Schulzimmer betrat. Von diesen Tieren, die wie kleine Äste mit angeklebten Beinen aussahen, erhielt jeder ein Exemplar. Im Laufe der Untersuchung mussten wir eine Schere nehmen. »Schneiden Sie das Insekt in der Mitte durch!«, befahl der Lehrer. Während ich diese Worte schreibe, steigt in mir wieder der Ekel hoch, den ich damals empfand, und ich höre das Geräusch, das beim Schnitt entstand. Warum wir das machen mussten, weiß ich nicht mehr.

Der Unterricht beim Deutschlehrer war langweilig. Grammatik empfanden wir im Gegensatz zu den Literaturstunden fast als Genuss. Beim Besprechen der Werke, die wir lesen mussten, stolzierte er vor der Klasse hin und her und dozierte stundenlang. Eine Diskussion, in der wir unsere Gedanken über das Gelesene hätten einbringen können, konnte nicht entstehen. Er stellte wohl Fragen, aber eine Antwort genügte, dann ging sein Monolog weiter. Einmal beschlossen wir ihn zu fragen, ob wir als Klasse über ein Buch diskutieren könnten. Mich beauftragten sie, mit dem Anliegen zu ihm zu gehen. Also stellte ich mich nach einer Deutschstunde mutig vor ihn hin und sagte: »Wir würden gerne das nächste Mal in einer Runde darüber diskutieren, was wir gelesen haben, anstatt dass Sie einen Vortrag halten. Was meinen Sie dazu?« In seinem Gesicht wetterte es kurz und dann sagte er: »Gut, ich nehme Ihren Wunsch auf, Ursula«, und stolzierte davon. Ich freute mich.

Drei Tage später betrat er den Klassenraum, stellte sich vor uns hin und sagte: »Sie haben sich eine Diskussion gewünscht. Die sollen Sie haben. Nehmen Sie Ihre Stühle, kommen Sie nach vorne, machen Sie einen Kreis und Sie, Ursula, leiten die Runde!«

Aua! Da hatte er mir eins ausgewischt. Ich war überfordert und die Diskussion kam nur schleppend in Gang. Der Lehrer selber hielt sich zurück. Am Ende der Stunde schickte er uns wieder an die Plätze und sagte trocken: »Jetzt haben Sie gesehen, dass es so nichts bringt. Die nächste Stunde läuft wieder nach meinem Schema ab.«

Nach der Matura zerstörte ich als Erstes den Ordner mit den Zusammenfassungen der literarischen Werke. Auch meine Aufsätze kamen inhaltlich nie über eine knappe vier, höchstens viereinhalb hinaus. Ich war bald überzeugt, nicht schreiben zu können. Nun bin ich schon am dritten Buch …

Ein Original war der Mathematik- und Physiklehrer: Ein großer behäbiger Mann mit einer berndeutsch gefärbten Schriftsprache. Wir mochten ihn, weil er ein großes Herz hatte und gerecht war. Doch auch bei ihm gab es gefürchtete Momente, wenn er zum Beispiel sagte: »Ursula, kommen Sie mal an die Wandtafel und lösen Sie diese Aufgabe.« Ich hatte meistens Glück, weil mir Mathematik lag. Konnte jemand etwas nicht lösen, stand er kopfschüttelnd da und verstand die Welt nicht mehr. Für ihn war alles sonnenklar!

Er und der Singlehrer begleiteten uns in die Projektwoche mit den Themen Musik und Physik. Zwei unterschiedlichere Lehrer gab es wohl kaum, aber sie verstanden sich bestens. Kochen mussten wir selber. Als den Physiklehrer einmal den Hunger plagte, beschloss er sich selber eine Bratwurst zu machen. Er nahm eine aus dem Kühlschrank, schaltete die schwarze, gusseiserne Herdplatte ein und legte die Wurst darauf. Eine Schulkollegin sah das, rettete die Wurst und briet sie ihm in einer Pfanne.

»Ich koche halt nie zuhause«, entschuldigte er sich.

Mit ihm lernten wir »Beieli« zu züchten und über ein Lichttelefon Kontakt aufzubauen. Der große Physiker zeigte uns mit einem kleinen Pinsel in der Hand vor, wie wir die kleinen emsigen Bienen mit einem Farbtupfer markieren sollten. Ununterbrochen redete er mit den Tierchen und erklärte ihnen, was er gerade machte. Auch beim Lichttelefon hörten wir ihn immer wieder sagen: »Lischt im Löchlein, wo bist du?«

Der Singlehrer brachte uns alles Notwendige bei, damit wir fähig würden, mit unseren zukünftigen Klassen zu singen. Er jagte mir aber auch einen gehörigen Schrecken ein. Mit meinem Halszäpfchen-R war ich schon in der Primarschule in der Logopädie gewesen. Aber nichts hatte geholfen. Die Aussprache eines rollenden Zungen-R wollte mir nicht gelingen. Nun sagte der Lehrer doch eines Tages: »Wer das R nicht rollen kann, wird die Singmatur nicht bestehen!« Mein Herz rutschte in die Hose.

»Aber die gute Nachricht ist, dass jede und jeder das lernen kann. Ihr beginnt mit einer einfachen Übung und sagt mehrmals hintereinander: Bedötchen. Das versucht ihr immer schneller. Mit viel Übung wird aus dem Bedötchen plötzlich ein ›Brötchen‹ und schon rollt das R über eure Lippen.«

Wer mich in der kommenden Zeit beobachtete, musste wohl Zweifel an meiner geistigen Gesundheit bekommen, murmelte ich doch andauernd »Bedötchen, Bedötchen, Bedötchen« vor mich hin. Als ich in den Ferien auf dem Geißberg war und der Moment kam, dass das R wirklich zu rollen begann, sang ich lautstark: »Rrrrote Rrrrösli im Garrtä, Maiärrrriisli im Wald ...«

Madame, die Französisch unterrichtete, war streng, unheimlich streng! In der Sekundarschule hatte ich mit einer Sechs in Französisch abgeschlossen. Jetzt musste ich knütteln, damit es wenigstens zu einer Vier reichte. Von der ersten Stunde an sprach sie Französisch, egal ob wir etwas verstanden oder nicht. Wörter mussten wir pauken, ohne Unterlass, da es immer wieder Überraschungsprüfungen gab. Doch nach vier Jahren konnten wir fließend sprechen und alles verstehen. Noch heute kann ich davon zehren und mich in dieser Sprache unterhalten.

Oberseminar und die Liebe

Gegen Ende der Zeit in Küsnacht hatte ich mehr und mehr das Bedürfnis, Neues zu erleben und andere Menschen kennenzulernen. Eines Tages begegnete ich Esthi auf der Heimfahrt im Zug. Ich kannte sie vom Damenturnverein her. Mehr und mehr vertiefte sich unser Gespräch, und kurz bevor wir ausstiegen, meinte sie: »Wir treffen uns heute Abend in der Jugendgruppe, der Jungen Kirche, und gehen Minigolf spielen. Hättest du auch Lust zu kommen?«

Der Fall war für mich klar: Das ist die Chance, neue Leute kennenzulernen! Da musst du hingehen. Eigentlich bin ich nicht der Typ, der an unbekannte Orte mit unbekannten Leuten geht. Aber das war so ein Moment, von dem ich wusste: Jetzt oder nie!

Mit bangem Herzen ging ich zum Treffpunkt vor der Minigolfanlage. Alle waren bereits da. »Dani fehlt noch«, sagte Esthi. Aber das sei normal, er sei immer unpünktlich.

»Er kommt!«, rief einer. Ich sah einen jungen Mann in Militärklamotten und mit kurz geschorenen Haaren die Straße entlang schlendern. Auf dem Rücken trug er eine Gitarre.

»Hoi Dani!«, riefen alle und begrüßten ihn mit Handschlag. Jetzt war die Reihe an mir. Als sich unsere Hände berührten und wir einander in die Augen schauten, war es um mich geschehen. Ich verliebte mich Hals über Kopf. Schmetterlinge tanzten Ringelreihen in meinem Bauch. Hatte er etwas gemerkt? Mir war sofort klar, in welcher Gruppe ich Minigolf spielen wollte.

Ich kannte ihn ja bereits oder besser gesagt: Ich hatte schon von ihm gehört. Unsere Väter arbeiteten zusammen im Wald und ich wusste, dass er einer der drei Söhne des Försters war.

Er schien in der Gruppe beliebt zu sein und immer wieder war er Zielscheibe von gutgemeinten Scherzen. Ob er wohl eine Freundin hatte? In dieser Gruppe nicht. Das hätte ich doch gemerkt.

Als das Spielen beendet war, spazierten wir gemeinsam los. Leider musste Dani bald abbiegen. Er sagte allen Tschüss und zu mir – so kam es mir vor – besonders liebevoll. Jetzt war der Fall klar: Ich würde auch das nächste Mal in die Jugendgruppe gehen, damit ich ihn möglichst bald wiedersehen konnte.

Hie und da begleitete Dani mich dann nach Hause, aber ich war mir nie sicher, ob er meine Gefühle erwiderte oder nicht.

Wenn ich ehrlich bin, war er nicht der Erste, in den ich mich verliebt hatte. Schon längere Zeit hatte ich Ausschau nach einem geeigneten Mannsbild gehalten. Da waren Schnauzi, Bert, Stefan, Marc, Hänsi ... Wenn dann von meinem Auserkorenen keine Reaktion kam, war ich mir nicht zu schade, ihm meine Liebe zu gestehen. Manchmal in einem Brief, manchmal in einem Gespräch. Das Dumme war nur, dass es einfach nicht klappen wollte.

Ich hatte bereits die Matura hinter mir und das letzte Ausbildungsjahr am Oberseminar in Oerlikon hatte begonnen.

Im Sommer verreisten wir mit dem Chor des Unterseminars, bei dem ich immer noch mitsang, für drei Wochen nach Jugoslawien – so hieß das Land 1979 noch – , um uns an einem Chortreffen zu beteiligen.

Ich landete in einem Zimmer mit drei Jugoslawinnen. Wie staunte ich, als sie am Morgen zwei Stunden früher aufstanden und die ganze Zeit bis zum Frühstück brauchten, um sich herzurichten. Zwei Stunden für etwas, das ich in fünf Minuten erledigt hatte!

Manchmal brauchte ich Zeit für mich allein und ich verzog mich. In einem Friedhof fühlte ich mich sehr wohl. Die Gräber waren nicht gepflegt, wildes Gestrüpp wuchs und viele Grabsteine waren umgekippt. In der Nähe eines knorrigen Baumes ließ ich mich nieder und schrieb tiefsinnige Gedichte, die von Lebensschmerz nur so trieften. Aber es half und ich konnte mich nachher wieder dem Rummel aussetzen.

Im Chor war auch ein Cédric dabei, groß mit roten Haaren. Der machte mir den Hof und ich ließ es zu. So fuhren wir als Liebespärchen nach Hause. Wir sahen uns nicht häufig, da ich nun im Oberseminar in Oerlikon und Cédric noch in Küsnacht war. Da hatte ich nun einen Freund, aber meine Gedanken waren komischerweise immer wieder bei Dani.

Am 22. August 1979 feierte ich meinen zwanzigsten Geburtstag. Endlich mündig! Jetzt konnte ich selber unterschreiben und abstimmen gehen.

Cédric kam gegen Abend zu mir nach Hause und brachte mir zwanzig rote Rosen mit. Ich war verlegen. Noch nie hatte ich eine Rose geschenkt bekommen. Und jetzt gleich zwanzig aufs Mal! Nach dem Abendessen, das Mutti für uns gekocht hatte, spazierten wir zum Guggenbüel, einem Wäldchen ganz in der Nähe. Auf einmal blieb Cédric stehen, drückte mich an sich und küsste mich. »Was macht der mit seiner Zunge in meinem Mund?«, fragte ich mich. So »gruusig«! Schnell wendete ich den Kopf ab und tat so, als sei mir etwas ins Auge geflogen.

»Ursi, kommst du nächstes Wochenende zu mir? Ich habe sturmfreie Bude.«

Schon wieder war ich überfordert. Was wollte er von mir? Warum war das so wichtig, dass die Bude sturmfrei war?

»Ich muss noch schauen, ob ich kann«, redete ich mich heraus.

Ich begleitete ihn zum Zug und kehrte fast ein wenig erleichtert nach Hause zurück. Als ich die Treppe hochkam, sah ich eine Sonnenblume in einer Bierflasche vor der Tür stehen. Daran hing eine kleine Weihnachtskarte. Schnell öffnete ich sie: »Alles Liäbi zum Geburtstag, Dani« stand geschrieben. Mein Herz schlug einen Trommelwirbel. Ich schwebte im siebten Himmel. Aber das schlechte Gewissen Cédric gegenüber hielt mich auf dem Boden.

Am nächsten Tag schrieb ich ihm, dass ich unsere Beziehung beenden möchte. Er war am Boden zerstört und litt schwer unter meiner Absage. In seinem letzten Brief schrieb er mir, dass er mich so gernhabe, dass er mich darum loslassen wolle. Das berührte mich.

Dani und ich sahen uns immer öfter. Jedes Mal nach der Jugendgruppe begleitete er mich nach Hause. Auch wenn er in die andere Richtung hätte gehen sollen. Manchmal lud er mich ein, mit ihm und der Hündin, Bessy, laufen zu gehen. Aber warum sagte er nicht endlich, dass er mich als Freundin haben wollte? Ich gab ihm genug Zeichen. Der hätte doch schon lang merken müssen, dass ich ihn gernhatte!

Am Abend des elften Novembers 1979 brachte er mich von einer Sitzung auf seiner Vespa nach Hause, hielt an, ließ mich absteigen, schaute mir in die Augen und sagte: »Ich ha di gern!«, gab Gas und war verschwunden.

Ich flog die Treppe hoch, hörte tausend Glocken klingen und war einfach glücklich.

Mutter erzählte mir später einmal, dass Danis Sonnenblume vier kleine Seitentriebe mit vier Blumen bekommen hätte. Eine Prophetie?

Eine wunderschöne Zeit begann. Ich fühlte mich sehr wohl bei Dani. Morgens schaute ich immer, dass ich zur rechten Zeit in der Nähe der Bahnunterführung stand. Dort musste er auf seinem Weg zur Arbeit vorbeifahren. Der Tag war gleich dreimal so schön, wenn ich ihn auf dem Fahrrad vorbeiflitzen sah. Ein kurzes Winken und schon war er wieder weg.

Aber als Dani mir gestand, dass er im Frühling nach Abschluss der Lehre nach Israel reisen wollte, zwei Monate im Kibbuz leben und dann noch zwei Monate herumreisen, war ich nicht begeistert. Auch seine Stiefmutter kam vorbei, um mich zu beschwören, ihn ja nicht an der Reise zu hindern, er bräuchte das. Dabei wäre ich gar nie auf diese Idee gekommen.

Als der Abschiedstag da war, fuhren wir gemeinsam nach Zürich. Er wollte mit dem Zug nach Ancona reisen und dort nach Israel einschiffen. Wir hielten uns fest, bis er einsteigen musste. Ich schaute dem davonrollenden Zug nach, bis ich ihn nicht mehr sah. Blind vor Tränen lief ich auf dem Perron zurück, als mir plötzlich ein älterer Mann die Hand auf den Arm legte und sagte: »Dä chunnt scho wieder!«

Unzählige hellblaue Briefe mit rot-weiß gestreiften Rändern flogen hin und her. Und endlich war die Zeit vorbei! Mit Daniel's Eltern fuhr ich zum Flughafen, um ihn abzuholen. Ich war nervös, alles kribbelte in mir und ich hätte am liebsten gejubelt, weil mein geliebter Dani endlich wieder nach Hause kam. Als er auf uns zukam, hätte ich ihn fast nicht erkannt: Mit einer strubbeligen Mähne und einem noch strubbeligeren Bart kam er dahergezottelt. Aber seine Augen waren immer noch die gleichen. Lange hielten wir uns umarmt, bis sein Vater uns ermahnte, dass er nun nach Hause fahren möchte.

Meine Ausbildung war noch vor Danis Abreise zu Ende gegangen. »Soll ich mich um eine Stelle bewerben oder nicht?«, fragte ich mich. Eigentlich hatte ich nach vierzehn Schuljahren genug und wollte etwas anderes als Schulalltag erleben. Mutti und Däddi verstanden nicht, dass ich mich nicht bewarb. Mit dieser Ausbildung!

Am letzten Tag der Frist für eine Stelle in Dietikon ließ ich meine Bewerbung doch noch in den Briefkasten der Schule fallen. Viel Hoffnung machte ich mir nicht, denn meine Schulkolleginnen und Schulkollegen hatten sich bereits an unzähligen Orten beworben, meistens ohne Erfolg.

Zu meinem Erstaunen lud mich die Schulbehörde zu einem Vorstellungsgespräch ein und ich bekam eine erste Klasse zugesprochen. Mein Anfangslohn betrug netto 2800 Franken, fast gleich viel, wie mein Vater nach 25 Dienstjahren erhielt.

Zwanzig Schülerinnen und Schüler wurden mir anvertraut. Mein Einsatz begann aber nicht mit dem ersten Schultag, sondern mit einem Elternabend noch vor Schulbeginn. Ich blutjunges »Fröllein« musste vor bestandene Eltern treten und unter anderem meine Ziele für das erste Schuljahr und auch meine Leselernmethode präsentieren. So gut es ging, fabulierte ich etwas zusammen. Elternarbeit? Das war während der Ausbildung kein Thema gewesen. Ich wurde ins kalte Wasser geschmissen. Die Eltern waren sicher erstaunt, so ein junges Mädchen vor sich zu sehen. Es kam immer noch vor, dass ich gefragt wurde, ob ich noch zur Schule ginge und in welche Klasse.

Meine Schülerinnen und Schüler hatte ich von Herzen gern. Besonders den kleinen Lino, einen kugelrunden Italienerbub, der mit seinen kurzen, abstehenden Haaren wie ein Igelchen aussah. Bald zeigte es sich, dass er noch nicht schulreif war. Wollte er mir etwas zum Pult bringen, schaffte er das nie auf dem direktesten Weg. Da musste er etwas betrachten, dort etwas vom Boden aufheben und am liebsten kletterte er über sein Pult und ließ sich mit einem Purzelbaum auf den Boden rollen.

Ein anderer Schüler war türkischer Abstammung. Seine Zeichnungen waren immer streng geometrisch. Eine Maus bestand zum Beispiel aus

Dreiecken: Ein größeres für den Körper und ein kleines für die Ohren, die Schnauzhaare schnurgerade und in gleichmäßigen Abständen angebracht.

Stefan hatte Mühe mit den Zahlen. Ich versuchte alles, um ihm die Geheimnisse der Mathematik zu entschlüsseln. In den Zeugnissen schrieb ich den Eltern in der Regel noch einen kleinen Bericht, damit sie nicht nur die Noten ihrer Kinder sahen, sondern auch noch etwas über das »Drumherum« erfuhren. Als Stefan bereits in der vierten Klasse war, erhielt ich eine Aufforderung zu einem Gespräch mit ihm und seinen Eltern bei der Schulpsychologin. Ich kam mir vor, als wäre ich in einer Gerichtsverhandlung. Die Eltern saßen mir gegenüber und hielten mir mein Unvermögen als Lehrerin unter die Nase. Stefan hätte sich bei der neuen Lehrkraft in Mathematik sehr verbessert. Ich hätte zu wenig gefordert und darum sei ihr Sohn bei mir nicht vorwärtsgekommen. Auch meine Begleitbriefe zu den Zeugnissen seien Quatsch gewesen. Damit käme kein Kind ins Gymnasium. Stefan schaute mich die ganze Zeit triumphierend an, während seine Eltern über mich schimpften. Ich versuchte schon zu erklären, was mir wichtig gewesen war, aber ich stieß nur auf Unverständnis. Nach dem Gespräch war ich nur noch ein Häufchen Elend. Tief im Herzen wusste ich aber, dass ich Stefan wenigstens drei schöne Schuljahre ermöglicht hatte, in denen nicht nur Noten und Leistung zählten.

Sonja war ein blitzgescheites, aufmerksames, fleißiges, ernstes Mädchen. Ihren Vater erlebte ich an den Elternabenden von einer komischen Seite. Er machte unzusammenhängende Bemerkungen, wiederholte sich immer wieder, und seine Frau versuchte ihn zum Schweigen zu bringen. Heute denke ich, dass er ein Alkoholproblem hatte und Sonja mit ihren sieben, acht Jahren vielleicht zuhause schon zu viel Verantwortung übernehmen musste.

Corina war die Jüngste in ihrer Familie. Die Mutter begann ihre Ansprachen immer mit den gleichen Worten: »Mit meiner Erfahrung als Mutter von sieben Kindern kann ich dazu sagen ...« Mit der Zeit verzogen die anderen Eltern das Gesicht, sobald sie nur schon die Hand erhob.

Gemeinsam hatten wir den Glauben an Gott. Vor jedem Anlass kam sie rasch zu mir, drückte mir die Hand und sagte: »Wir beten für Sie!« Das tat gut und half mir gelassener zu werden.

Zum Unterricht gehörte auch das Fach Biblische Geschichte. Ich begann in der ersten Klasse bei Adam und Eva, und in der dritten Klasse waren wir beim Neuen Testament angekommen. Als ich erzählte, wer Jesus ist und was er für uns getan hat, fragte ich die Klasse, wer mit Jesus leben und an ihn glauben möchte. Alle hielten die Hand in die Höhe. Zusammen beteten wir. Nachher war ich völlig verwirrt und wusste nicht mehr, was passiert war. Hatten die Kinder wirklich verstanden, was sie da gemacht hatten? Am nächsten Tag beschäftigte ich sie mit schriftlichen Arbeiten und redete mit jedem Einzelnen, um das Erlebte nochmals zu vertiefen.

Von nun an setzten wir uns am Samstagmorgen kurz vor Schulschluss zusammen und erzählten einander, was wir vorhatten. Und dann betete ich für alle. Würde ich heute als Lehrerin so etwas machen, wäre Feuer am Dach. Jetzt muss alles neutral über die Bühne gehen, sachlich sein und so weiter.

Es gab auch Unrühmliches.

Luca war sehr lebendig, pfiffig bis frech und hatte zu allem etwas zu sagen. Als ich die ersten Zeugnisse schrieb, vermerkte ich bei ihm in der Spalte Benehmen ein »schwatzhaft«. Kaum hatte der Bub das Zeugnis zuhause abgegeben, standen die Eltern schon vor der Tür und beschimpften mich, weil ich ihrem Sohn das erste Zeugnis versaut hätte. Ich fragte im Lehrerteam, was ich in dieser Situation machen sollte. »Du darfst ja nicht nachgeben und etwas ändern, sonst wirst du mit diesen Eltern die ganze Zeit Probleme haben. Die nehmen dich nicht mehr ernst«, beschworen sie mich. Doch nach einer schlaflosen Nacht entschied ich mich, gegen alle Vernunft zu handeln. Ich hatte realisiert, dass ich den Eintrag gar nicht rechtfertigen konnte. Ich schrieb ein neues Zeugnisbüchlein und überreichte es dem Buben. Am nächsten Tag kam er in die Schule und strahlte mich an: »Mami und Papi sagen vielen Dank, dass Sie das geändert haben!« Die ganzen restlichen Schuljahre hatte ich keine Probleme mehr mit ihm und seinen Eltern.

Ein anderer Junge war vorlaut und boykottierte mich andauernd. Auf einem Ausflug tat er so blöd, dass mir die Hand ausrutschte. Das nützte. Wie ein Lämmchen benahm er sich nun. Aber ich schimpfte mit mir und überlegte, wie ich das wieder in Ordnung bringen könnte. Zuhause griff ich zum Telefon, um den Eltern zu erzählen, was ich gemacht hatte. »Machen Sie sich keine Sorgen. Er wird es verdient haben!«, war die Antwort des Vaters. Welch einen Wirbel würde das heute auslösen? Gäbe es sogar eine Schlagzeile im Blick? »Prügellehrerin erschlägt fast einen Schüler.«

Am Ende des Schuljahres mussten wir eine Art Show veranstalten: das Schulexamen. Das war die Gelegenheit, den Eltern vorzuführen, was ihre Kinder alles gelernt hatten. Eine Stunde dauerte das Ganze. Ich hatte stundenlang vorbereitet und jeden Lernschritt fünffach abgesichert. Die Kinder kamen sonntäglich herausgeputzt. Die Eltern begrüßte ich artig und sie setzten sich hinten im Schulzimmer auf die Stühle. Los ging es! Jedes Kind musste mindestens einmal aufgerufen werden, aber natürlich nur dann, wenn es die Antwort hundertfünfzigprozentig sicher wusste.

Für das letzte Examen, Ende des dritten Schuljahres, hatten wir einen Zirkus vorbereitet. Jedes Kind konnte bei einer Nummer mitmachen, die ihm

Freude bereitete. In der Turnhalle probten wir. Die Kinder kamen in solch einen Eifer, dass sie auch die Eltern einbezogen und diese die Kostüme nähten und bastelten. Das Nummerfräulein gestaltete phantasievolle Nummern, die Tänzerinnen bekamen Tutus, die Löwen prachtvolle Mähnen usw. Als der Zirkus vorbei war und ich ein letztes Mal den Kindern die Hand drückte, war es mir wehmütig ums Herz.

Daniel war beim Abschied auch dabei. Er hatte die Zeit nach seiner Israelreise mit Suchen nach einer zweiten Ausbildung verbracht. Keinen Tag wollte er als Mechaniker arbeiten. Zuerst machte er ein Praktikum in einem Heim für Behinderte. Heimerzieher? Das war der Beruf, der ihn interessierte. Heute sagt man natürlich Sozialpädagoge. Hie und da besuchte ich ihn auf seiner Abteilung. Ein Mädchen, Maja, hatte den Narren an ihm gefressen. Wenn sie ihn kommen sah, rannte sie auf ihn zu und wollte von ihm hochgehoben werden, damit sie ihn umarmen konnte. Auch Dani fühlte sich bei der Arbeit sehr wohl. Und doch zog es ihn weiter. Es war noch nicht ganz das, was ihm vorschwebte. Die nächste Station 1981 führte ihn nach Zizers in ein Kinderheim der Stiftung Gott hilft. Das Praktikum war Vorbedingung, wenn er die Heimerzieherschule der Stiftung besuchen wollte. Eigentlich war er für die Betreuung in einem der Wohnhäuser eingeteilt. Doch sehr häufig stand er in der Küche. Fehlte der Koch, musste Dani allein für alle kochen. Hie und da besuchte ich ihn. In einem Gespräch mit dem Heimleiter fiel einmal das Wort: Träumer. Das sei mein Freund. Sie erlebten ihn häufig, als wäre er in einer anderen Welt zuhause. Ob das auch der Grund war, dass sie ihn nicht in die Ausbildung aufnahmen? Für Dani war das ein rechter Schlag. Er suchte weiter und entschied sich nach langem Hin und Her, dass er eine Bibelschule besuchen wollte. Walzenhausen, eine Bibelschule des New Life, sagte ihm zu und er stieg im Sommer 1982 ins erste Schuljahr ein.

Doch nochmals zurück zum Jahr 1980, als ich die Ausbildung zur Lehrerin fertig hatte: Brigitte, meine Freundin, und ich hatten beschlossen zusammenzuziehen. Wir hatten bereits eine Wohnung mit drei Zimmern, einer kleinen Küche und einem Badezimmer gefunden. Da Mutti gerade kurz vorher die Autoprüfung bestanden hatte, half sie mir umzuziehen. Die Matratze und das Bettgestell packten wir kurzentschlossen aufs Auto, den Rest in den Kofferraum und auf die Hintersitze. Das war mein erster Umzug. Siebzehn weitere sollten folgen …

Ein eigenes Zimmer zu haben, war für mich ein Hochgenuss. Das war bis jetzt nicht möglich gewesen. Zuerst teilte ich das Zimmer mit Maja. Das gab immer wieder Konflikte. Sie wollte schlafen, ich wollte lesen. Sie löschte das Licht ab, ich zündete es wieder an. So ging das hin und her, bis es ihr den

»Nuggi usäghauä hät«. Sie stürzte sich wutentbrannt auf mich und drückte mir die Gurgel zu. Mutti hörte das Geschrei und rettete mir das Leben …

Ich war Maja gegenüber auch nicht zimperlich. Sie wusste genau, wie sie mich wütend machen konnte. Einmal waren wir beim Essen und Maja meckerte andauernd an mir herum. Als sie zur Tür ging und noch einen letzten Spruch herausließ, explodierte ich, ergriff ein Messer und schon steckte es in der Tür. Einen Moment lang herrschte Totenstille, dann brach ein Donnerwetter über mich herein.

Unsere Beziehung blieb lange noch angespannt. Aber als unsere jüngste Tochter schwer krank wurde, war Maja uns eine wertvolle Stütze und wir wurden Freundinnen.

Dann teilte ich das Zimmer mit Regina. Da kann ich mich nicht an Zwischenfälle erinnern. Vielleicht habe ich sie vergessen und müsste einfach nachfragen, oder habe ich einfach bestimmt, was geht und was nicht?

Ich genoss es sehr, in der Jungen Kirche ein neues Zuhause gefunden zu haben. Mehr und mehr verbrachte ich viel Zeit mit den neuen Freunden, und die Beziehung zu Brigitte litt darunter. Ich war auch so dreist, ihr zu verstehen zu geben, dass ihr katholischer Glaube nicht genügte und sie sich schon noch bekehren sollte, um wirklich gerettet zu werden. Wer hört das schon gern, dass er nicht genügt? Brigitte wandte sich von mir ab und wir lebten wohl noch in der gleichen Wohnung, aber aneinander vorbei. Als der Punkt kam, dass ich es nicht mehr aushielt, zog ich in eine Einzimmerwohnung. Der Bruch, den unsere Beziehung erlitten hatte, zerstörte unsere Freundschaft. Erst nach vielen Jahren sprachen wir uns bei einer Begegnung aus und ich entschuldigte mich für mein Verhalten.

Hochzeit und Südtirol

1983 kündigte ich meine Stelle als Lehrerin, weil Dani und ich heiraten wollten. Wir stellten uns vor, dass er nach zwei Jahren an der Bibelschule ein Jahr aussetzen, wir heiraten und dann gemeinsam die Schule beenden würden. Die Schulleitung meinte aber, dass die wenigsten wieder zurückkämen, darum sähen sie das nicht gerne. Auch meine zukünftigen Schwiegereltern nahmen uns ins Gebet und baten uns zu warten. Wir hörten auf sie. Doch wenn wir schon nicht heiraten konnten, dann wollten wir uns wenigstens verloben. Am 24. März 1983 luden wir unsere Geschwister und Eltern zu einem Essen in Cham ein und feierten mit ihnen unser Ja zueinander. Ich genoss es, einen Ring als Zeichen zu tragen, dass Dani und ich nun zueinander gehörten.

Unsere Beziehung war von vielen Trennungen geprägt. Zu Beginn der Freundschaft musste Dani noch die Lehre beenden und wir sahen uns nur am Freitag- oder Samstagabend. Dann war er in Israel. Anschließend im Bündnerland in Zizers, das auch nicht gerade um die Ecke lag. Dann die Bibelschule in Walzenhausen! Die lag noch weiter entfernt und Freizeit gab es kaum. Auch an den Wochenenden fanden Einsätze an verschiedenen Orten statt. Dani kam auf die glorreiche Idee, dass ein Team nach Dietikon kommen könnte. Tatsächlich fruchtete sein Vorschlag. Nun konnten wir uns zwar sehen, aber von Zweisamkeit war keine Spur, höchstens da ein versteckter Kuss oder dort eine schnelle Umarmung.

Ich war froh, dass ich nicht mehr alleine wohnte, sondern mit Cathy zusammen. Sie musste wohl einige Male meinen Frust mit anhören, wenn Daniel und ich wieder keine Zeit füreinander hatten. Tatsächlich verliebte sich Cathy in Markus, Daniels engsten Freund. Das Entstehen und Wachsen ihrer Freundschaft erlebte ich hautnah mit. Bereits ein Jahr später heirateten die zwei und wir beide waren immer noch am Warten.

Dann folgte Daniels Missionsreise nach Kenia, wieder drei Monate Trennung. Als er im dritten Schuljahr ins Gemeindepraktikum nach Augsburg ging, durfte ich auf die Bibelschule gehen, um auch noch etwas frommen Schliff zu bekommen.

Jetzt war ich in Walzenhausen und Dani in Augsburg. Das höchste aller Gefühle waren die wöchentlichen Telefonate am Freitagabend um sieben Uhr: »Ursi Aeberhard hat einen Anruf!«, tönte es aus dem Lautsprecher. Ich spurtete zum Telefonapparat, der in einem Zwischengang hing, und endlich konnte ich die Stimme meines geliebten Daniels hören.

Jetzt war bereits Herbst 1984 und endlich erhielten wir die Erlaubnis, im nächsten Frühling zu heiraten. Wie sollte das möglich sein, wenn wir uns so selten sahen? Bald würde auch ich auf die Missionsreise gehen: drei Monate in Afrika. Mit DIGUNA (DIe GUte NAchricht) – einer Missionsgesellschaft in Nairobi – würden wir in Kenia herumreisen und in Schulen, Dörfern und Städten die Botschaft von Jesus verkünden.

Mitte September ging es los. Mit dem Bus fuhren wir nach Frankfurt, um dort mit dem Flugzeug weiterzureisen. Mein allererster Flug! Ich glaubte zu sterben, als das Flugzeug beim Start beschleunigte und mich die Fliehkraft in den Sessel drückte. Nach vier Stunden landeten wir in Khartum im Sudan. Wir stiegen aus und wurden von der schwülen Hitze fast erschlagen. Mit Bussen brachte man uns zum nächsten Flugzeug. Beim Betreten beschlichen mich große Zweifel, ob dieses Wrack uns wirklich ans Ziel bringen würde. Überall sah ich Rost und alles schien zu lottern. Die anderen Gäste waren meistens Afrikaner, eingehüllt in weiße, wallende Kaftane und auf dem Kopf einen Turban. Die Frauen trugen farbenfrohe Kleider, die sie von Kopf bis Fuß bedeckten. Nur das Gesicht war ausgespart.

Nach drei Stunden erreichten wir Nairobi. Die erste Woche verbrachten wir auf dem Missionsgelände, um uns mit den Bräuchen der Kenianer und unseren Aufgaben vertraut zu machen. Endlich konnten wir starten! Mit ausrangierten deutschen Armeelastwagen, auf denen wir reisten, schliefen und aßen, fuhren wir in die Pampa hinaus. In Schulen machten wir Halt, bauten den Truck zu einem Puppentheater um und unterhielten die vielen Kinder mit einem Kasperlispiel: das große Gastmahl. Nachher folgte eine kurze Predigt auf Englisch mit der Übersetzung durch einen Einheimischen und dem Aufruf, wer Jesus in sein Herz aufnehmen wolle, solle das mit erhobener Hand zeigen. Meistens flogen alle Hände in die Luft. Als ich das einige Male erlebt hatte, beschlichen mich Zweifel. Bekehrten sich die Kinder, weil wir eine helle Haut hatten und sie in ihrem bisherigen Leben noch nie Weiße gesehen hatten? Hatten sie die Botschaft wirklich verstanden? Wer würde sie weiterbetreuen? Doch dann sagte ich mir, dass ich Gott nicht klein machen dürfe und er schon für sie sorgen werde.

Besonders beeindruckend war der Besuch bei den Massai. Die stolzen Männer, eingehüllt in ein rotfarbenes Tuch, mit einem Stecken in der Hand, standen da und betrachteten uns misstrauisch. Wir Frauen waren angehalten worden, auf dem Lastwagen zu bleiben. Unsere Männer würden mit den Massai sprechen. Die wenigen Frauen, die wir sahen, trugen farbenfrohe Stoffe und unzählige Ketten aus Perlen um den Hals. Die Löcher in den Ohrläppchen waren zum Teil so groß, dass ohne Problem eine Faust darin Platz gefunden hätte.

Jeder Tag hatte einen ähnlichen Rhythmus: Mit der Sonne aufstehen und mit der Sonne ins Bett gehen. Es gab keine Zeitungen, keine Nachrichten, kein Gehetze, keinen Stress. Ich kam zur Ruhe und genoss die Zeit frühmorgens, umgeben von Affen, die meistens auch schon wach waren. Um uns die Haare zu waschen, warteten wir, bis der tägliche Regenguss kam, stellten uns bei einem Haus unter den Wasserfall, der vom Dachkännel herabbrauschte, und schon waren die Haare und wir wieder sauber. Wassersparen war immer ein Thema. Frühmorgens musste eine Tasse Wasser für die körperliche Hygiene reichen. Kleider waschen konnten wir nur selten und dann mussten wir unbedingt die Unterwäsche unter den T-Shirts verstecken, um keinen Anstoß zu erregen.

Zu essen gab es Ugali, Ugali und nochmals Ugali. Der Maisbrei lag Tag für Tag auf dem Teller. Ganz selten erhielten wir Fleisch, das mit Knochen und Sehnen gekocht wurde. Unsere Jungs konnten irgendwann diesen Einheitsgeschmack nicht mehr ausstehen, erstanden ein Stück Rind bei einem Bauern, machten ein Feuer und brieten es. Nachher waren sie wieder zufrieden.

Fast zu jedem Essen gehörten auch Chapatis: Fladen aus Mehl, Wasser, wenig Salz und Öl. Als wir in einer Kirche zum Essen eingeladen waren, erhielten wir eine Art Kartoffelstampf mit Maiskörnern, dazu Gemüse, das wie Spinat aussah: ein Festessen.

Chai war das Hauptgetränk. Unsere Köchin kochte Wasser auf, gab Schwarztee dazu und sehr viel Zucker und verfeinerte das Ganze am Schluss noch mit Milch. Chai half uns, den Kaffee zu vergessen.

Zum Dessert buk Seraphina, die Köchin, manchmal Mandasi. Ein Gebäck, das unseren Berlinern ähnlich war, aber ohne Füllung.

Mir gefiel es sehr, aber meinen Dani vermisste ich unsäglich. Darum war es jedes Mal ein Festtag, wenn wir auf die Missionsstation zurückkamen und ich dort einen Brief in die Hand gedrückt bekam und ein paar Zeilen von meinem Liebsten lesen konnte.

Gegen Ende der Reise kam bei den Leitern eine große Unruhe auf. Sie erzählten uns, dass die Fluggesellschaft, mit der wir von Khartum nach Nairobi gereist waren, Konkurs gemacht habe. »Kein Wunder«, dachte ich, »so wie dieses Flugzeug ausgesehen hat.« Nach dem ersten Schrecken versuchten sie alles, um unseren Flug umzubuchen. Lange wussten wir nicht, ob wir zum geplanten Termin nach Hause fliegen könnten oder ob wir länger bleiben müssten. Aber alles klappte und wir kamen fast rechtzeitig nach Hause.

Jetzt war bereits Dezember und allerhöchste Zeit, die Hochzeit detaillierter zu planen. Die Kirche, das Datum und den Ort fürs Essen hatten wir schon bestimmt, aber die Kärtchen fehlten noch und viele andere Kleinigkeiten.

Dani war in Augsburg, ich in Walzenhausen. Alle vier bis fünf Wochen konnten wir uns sehen. Wie sollte das gehen? Unsere Trauzeugen nahmen die Planung in die Hand und wir mussten ihnen einfach vertrauen, dass es klappen würde.

Und es funktionierte: Am 20. April 1985 war unser Hochzeitstag. Die zivile Trauung hatte am Freitagnachmittag stattgefunden. Zu viert – die Trauzeugen, Dani und ich – saßen wir vor dem Standesbeamten, beantworteten die Fragen, unterschrieben und schon waren wir Mann und Frau. Mutter hatte ein feines Nachtessen vorbereitet und dann trennten sich Daniels und mein Weg zum letzten Mal.

Als ich am nächsten Morgen in mein Brautkleid stieg und Mutti mir den Brautkranz auf dem Haar befestigte, war ich sehr aufgeregt. Bald kam mein Bräutigam im schicken Anzug daher, schaute mich lange an, ergriff meine Hand und zusammen spazierten wir zur Kirche. Viele Leute standen bereits herum. Die kleine Frau Meier – sie war höchstens 1,50 Meter groß – begrüßte uns herzlich und sagte: »Ich freue mich so, dass ihr heiratet und mich zur Trauung eingeladen habt.« Eine andere Bekannte mit einer Behinderung begrüßte nur Dani und sagte traurig: »Ich hätte dich auch gerne geheiratet, aber jetzt nimmst du halt diese da.«

Dani und ich wussten nicht so recht, was wir jetzt tun sollten. In die Kirche gehen? Warten, bis die Leute sitzen? Irgendetwas hatten wir in der Vorbereitung abgemacht, aber vor lauter Aufregung kam es uns nicht mehr in den Sinn. So liefen wir Hand in Hand in die Kirche und alle Leute folgten uns nach und nach. Einen Moment lang herrschte Verwirrung, weil die Orgelspielerin immer noch auf unseren Einmarsch wartete und nicht bemerkt hatte, dass wir bereits saßen. Aber dann begann sie zu spielen. Der Prediger hielt eine saftige Predigt, von der mir etwas hängenblieb: »Dani, sei ein Mann! Flaschen gibt es genug!« Als Text hatten wir eine Stelle aus der Bibel gewählt, die heute alle Feministinnen auf die Barrikaden bringen würde. »Ihr Frauen, ordnet euch euren Männern unter, so wie ihr euch dem Herrn unterordnet ...« (Epheser 5, 22 bis 33). Dabei wird vergessen, dass es am Schluss heißt, dass der Mann seine Frau lieben soll, wie Jesus die Gemeinde liebt. Und was hat Jesus für uns getan? Er hat nicht mehr und nicht weniger als sein eigenes Leben gegeben. Welche Herausforderung für jeden Ehemann!

Den meisten Gottesdienstbesuchern blieb nur etwas in Erinnerung: Als der Prediger mit viel Schwung seine Worte unterstreichen wollte, trat er einen Schritt zurück und stieß sich den Kopf an der Kanzel an.

Bevor wir einander das Jawort gaben, sangen Dani und ich ein Lied über

Gott, unseren Vater, Jesus, unseren Herrn, und den Heiligen Geist, unseren Tröster. Sie sollten unser Zentrum sein.

Das Trauversprechen hatten wir von der Bibelschule entlehnt. Der Prediger begann, stellte mir eine Frage, ich antwortete mit Ja. Die nächste folgte, wieder sagte ich Ja. Und so ging das noch etwa zehnmal weiter. Von hinten hörte ich unterdrücktes Schmunzeln. Bei Dani das Gleiche. Nun begannen Einzelne hörbar zu lachen. Wieder ein Punkt, den wir nicht genau besprochen hatten, dafür haben die vielen Jas bis heute gehalten.

Nach den Flitterferien bezogen wir ein Zimmer auf der Bibelschule. Die Küche und das Badezimmer teilten wir uns mit einem anderen Ehepaar. Die Zweisamkeit war wieder auf einen kleinen Ort beschränkt. Aber uns war das gleich. Hauptsache zusammen!

Den ganzen Sommer verbrachten wir in Augsburg, wo Dani bereits das Gemeindepraktikum gemacht hatte. Ein paar Wochen lang kamen junge Leute zu uns, um die Arbeit der Gemeinde zu unterstützen. Meine Aufgabe war es, für sie zu kochen. Gemäß meiner schweizerischen Herkunft machte ich am Abend hie und da auch Fruchtkuchen oder Birchermüesli. Das kam gar nicht gut an: »Wo bleiben das Brot und die Wurst?«, fragten sie regelmäßig.

Als zwei Wochen lang meine Menstruation ausblieb, wurde mir etwas mulmig zumute. War ich etwa schon schwanger? Als Dani und ich an einem freien Montag einkaufen gingen, nahm ich allen Mut zusammen und eröffnete ihm zwischen den Gestellen, dass er vielleicht Vater würde. Den Einkauf musste ich alleine zu Ende bringen, so hatte ihn meine Nachricht durcheinandergebracht. In der nächsten Apotheke besorgten wir – das heißt ich – einen Schwangerschaftstest. Zuhause verzog ich mich ins Badezimmer und hielt mit zitternden Händen den Test und wartete gespannt, was sich zeigen würde. Langsam erschien im Fensterchen ein Kreis. »Dani, wir sind tatsächlich schwanger!«

Nach der ersten Freude kamen Fragen hoch. Sind wir schon reif genug, um die Verantwortung für ein Kind zu übernehmen? Wo würde unser Zuhause sein? Wir wussten noch nicht, wie es im Herbst nach der Diplomierung weitergehen sollte.

Wieder auf der Bibelschule, besprachen wir mit den Leitern unsere Zukunft und konnten auch unsere Vorstellungen einbringen. Dabei stellte sich heraus, dass das Team in Bozen geeignet sein könnte und dort sogar ein Ehepaar gesucht wurde. Dani und ich machten einen Ausflug, um den Leiter der Arbeit in Südtirol kennenzulernen. Er erwartete uns bei sich zuhause und hieß uns willkommen. Seine Frau hatte ein einfaches Essen vorbereitet. Dann erwarteten wir ein Gespräch, damit wir unsere Fragen vorbringen konnten. Aber der Leiter saß oder besser gesagt: lag uns im Sessel gegenüber und schlief fast ein. Er erzählte ein wenig, wie es in Bozen so läuft, und stellte uns das Team vor: Jutta und Erwin, die hauptsächlich evangelisierten; Vreni, Elisa und Christina, die die Kinder- und Frauenarbeit machten, und Andi, der das Team leitete. Aber ich hätte doch gerne gewusst, wie die Finanzen, die Versicherungen oder die Arbeitszeiten geregelt waren. Was wurde genau von uns erwartet? Wo würden wir wohnen? Aber ich getraute mich nicht zu fragen.

»Alles Weitere werdet ihr mit dem Team in Bozen besprechen.« Mit diesen Worten entließ uns der Leiter. Ob wir einen Arbeitsvertrag unterschreiben mussten oder nicht, weiß ich nicht mehr.

Nach der Diplomierungsfeier Ende September standen wir ohne Zuhause da. Mit dem Team in Bozen hatten wir abgemacht, dass sie für uns eine Wohnung suchen würden. Doch sie waren noch nicht fündig geworden. Wir warteten Woche um Woche und lebten abwechslungsweise bei meinen oder Danis Eltern. Ich wurde immer verzagter. »Dani, wo werden wir die Wiege für unser Kind aufstellen können?«, fragte ich ihn einmal voller Sorgen.

Eines Tages, es war bereits November, als ich gerade unser Zimmer auf-räumte, kam Dani die Treppe hoch gerannt, packte mich und tanzte mit mir herum: »Sie haben eine Zwei-Zimmer-Wohnung gefunden!« »Was, nur zwei Zimmer? Und unser Kind? Wo schläft denn das?«, gingen mir die Gedanken durch den Kopf.

Während der langen Wartezeit war uns schon bewusst geworden, dass es in Bozen sehr schwer war, Mietwohnungen zu finden. Die meisten Leute lebten in Eigentumswohnungen. Aus der Sicht des Teams war es ein Wunder, dass sie dieses Zuhause für uns gefunden hatten. Aber ich war halt schweizerische Verhältnisse gewohnt. Der Mietzins für die 55 m² betrug 320.000 Lire. Für die Kaution hinterlegten wir fast eine Million.

Im November fuhren Dani und ich mit unserem schwer beladenen Auto ins Südtirol. Aufs Dach hatten wir eine Wiege gebunden, die Danis Mutter mit Bauernmalerei verziert hatte. »So werden wir sicher gut über die Grenze kommen, wenn die Zöllner dieses Monstrum sehen und merken, dass wir ein Kind erwarten«, sagten wir. Das große Gepäck und die Möbel wollte Dani ein paar Tage später mit einem VW-Bus und mit der Hilfe von Erwin holen. Wieder dabei: die Wiege! In kürzester Zeit hatten wir gemerkt, welch un-praktisches Möbel das war. Wir würden einen Stubenwagen brauchen, den wir von Zimmer zu Zimmer schieben konnten.

Andi vom Bozen-Team nahm uns in Empfang und führte uns zum neuen Zuhause in Leifers. Gespannt öffneten wir die Tür und traten ein. Ein schmaler Gang, links ein Zimmer, rechts ein Zimmer, in der Mitte die Küche und das Badezimmer. Im Schlafzimmer standen ein alter Schrank und ein noch älteres Ehebett, das uns der Vermieter großzügig überlassen hatte. Das Badezimmer war mit allem Notwendigen ausgestattet. Eigentlich hatten sie uns vorgewarnt, dass man in Italien als Mieter die Küche mitbringen musste, aber auf solch eine erbärmliche Einrichtung waren wir nicht gefasst: Nur einen steinernen Abwaschtrog entdeckten wir. Gut, hatten wir einen kleinen elektrischen Herd mit zwei Platten mitgenommen. Darauf würde ich nun unsere Mahlzeiten kochen. Ich bezog mit letzter Kraft die Betten und fiel in einen Tiefschlaf.

Ein paar Tage später fuhr Dani mit Erwin zurück in die Schweiz, um den Rest unseres Mobiliars zu holen: eine Eckbank mit Tisch und Stühlen – geerbt von der verstorbenen Tante einer Bekannten; einen Küchentisch mit elegant gedrechselten Beinen – von den Schwiegereltern – und Schachteln mit unseren Habseligkeiten. Ich erwartete Dani und Erwin am nächsten Tag gegen Abend. Das Essen war gekocht, aber von den beiden keine Spur. Zwei Stunden später begann ich mir Sorgen zu machen. Immer wieder trat ich auf den Balkon hinaus und hoffte, dass der Lieferwagen auftauchen würde. Um elf Uhr wurde ich endlich erlöst. Die zwei müden Männer schleppten alles in die Wohnung und ließen sich dann erschöpft auf die Küchenstühle sinken.

»Wir fuhren über den Reschenpass und wollten dort die Grenze nach Italien überqueren. Doch sie hielten uns am Zoll auf und ließen uns nicht nach Italien. Es würden uns Papiere fehlen, hieß es. Was blieb uns anderes übrig, als umzukehren und den Weg über den Ofenpass zu nehmen, in der Hoffnung, dass die Grenze dort unbewacht ist. Das funktionierte bestens, aber unser Weg hat sich dadurch um viele Stunden verlängert. Aber jetzt sind wir Gott sei Dank hier.« Mit einem kräftigen Kuss unterstrich er das Gesagte.

Ich genoss es sehr, als ich in den kommenden Tagen die Schätze einräumen konnte. Unser Nest wurde immer gemütlicher.

Für die Küche hatten wir auch eine Lösung gefunden: In einer Brockenstube fand Dani einen Kochherd mit vier Platten. An den Umgang mit dem Gas musste ich mich zuerst gewöhnen. Ich hatte Angst, dass mir alles um die Ohren fliegen könnte. Eine Wähe zu backen, stellte mich vor große Herausforderungen. Auf dem Boden des Backofens schlängelte sich eine Heizschlange mit Löchern. Jetzt galt es das Gas aufzudrehen und sofort ein Zündhölzchen an das größte Loch zu halten. Bräuchte ich zu lange – so stellte ich mir vor –, gäbe es eine Stichflamme und alle meine Haare wären verschwunden. Bald hatte ich den Dreh beim Anzünden heraus, doch das Backen blieb eine Lotterie. Die Hitze richtig zu dosieren war eine Kunst und ich stand regelmäßig vor der Wahl, den Kuchen angebrannt oder noch halb flüssig aus dem Ofen zu nehmen. Dani war trotzdem von meinen Backkünsten begeistert. Er aß alles, was ich ihm vorsetzte, oder war er einfach zu gut erzogen? Denn erst nach achtundzwanzig Jahren Ehe getraute er sich endlich, mir zu gestehen, dass er zum Beispiel Karotten, Randen und Broccoli gar nicht mag.

Als auch das normale Kochen zu einem Balanceakt wurde, beschlossen wir einen neuen Kochherd mit elektrischem Backofen zu kaufen, der alle meine Wünsche erfüllen würde.

Über dem Abwaschtrog hatten wir ein Zauberkästchen mit integrierten Abtropfgittern aufgehängt: Das abgewaschene Geschirr konnte ich darin stapeln, die Türen schließen und die Küche war aufgeräumt. Für die nächste Mahlzeit nahm ich das trockene Geschirr heraus. Das heutige, leidige Ausräumen der Abwaschmaschine fiel weg. Kurze Zeit später bekamen wir Teile einer Einbauküche, die sie in der Schweiz aus einer Wohnung herausgerissen hatten. Der Kühlschrank funktionierte bestens und für den gewonnenen Stauraum war ich dankbar.

Im Badezimmer hatte es eine Badewanne, ein Lavabo, eine Toilette und ein komisches zweites Teil aus weißem Porzellan. Es sah fast aus wie eine Toilette, aber der Abfluss war zu klein. Hinten war ein Wasserhahn angebracht. In das ovale Teil versuchte ich mich hineinzusetzen, aber es war unbequem. Vielleicht könnte ich es gebrauchen, um meine Füße zu baden? Eine Südtirolerin klärte uns auf: »Damit kann man wirklich das Hinterteil waschen.«

»Aha«, antwortete ich, »das ist so eine Art Duschtoilette, ein altmodisches Closomat.«

Waschküchen gab es im Miethaus keine. Jeder hatte seine eigene in der Wohnung. Monika, eine Frau aus der Gemeinde, schenkte uns ihre Waschmaschine. Für ihre vier Kinder und all die Verwandten aus Süditalien, die auch noch bei ihr wohnten, brauchte sie eine größere.

Als ich das erste Mal waschen wollte, sortierte ich die Wäsche und stopfte die erste Ladung in die Öffnung, gab Mittel dazu und drückte den Knopf. Geschafft! Sie begann sich zu drehen. Ich ging ins Schlafzimmer, um die Betten zu machen.

Was war das? Ich hörte, dass die Wäsche geschleudert wurde. Aber was rumpelte da so komisch? Ich schaute nach und zu meinem Erstaunen hüpfte die Waschmaschine im Bad herum. Gut, hielt sie der Abwasserschlauch zurück, sonst hätte ich sie in der Wohnung suchen müssen. Ich schob die Maschine wieder an ihren ursprünglichen Ort.

Als ich Monika das nächste Mal sah, fragte ich sie, ob sie das Gleiche erlebt habe.

»Nein«, meinte sie, »bei mir war die Waschmaschine genau eingepasst, so konnte sie nicht herumwandern.«

Trotz ihrer Eigenart leistete mir die Maschine gute Dienste. Eines Tages machte sie einen riesigen Hüpfer, den sie nicht überlebte.

Als Monika davon hörte, drückte sie mir nach einem Gottesdienst einen Umschlag in die Hand. Als wir ihn öffneten, standen wir sprachlos da: Es war genug Geld darin, um eine nigelnagelneue Waschmaschine zu kaufen. Wie genoss ich das sanfte Brummen, das leise Rauschen und das fast nicht hörbare Schleudern! Manchmal vermisste ich aber auch die lautstarke Unterhaltung mit ihrer Vorgängerin.

Wir hatten im November sofort eine Telefonnummer beantragt und das Warten begann. Damit wir doch hie und da zu Hause anrufen konnten, gingen wir in die Pizzeria um die Ecke. Ein kurzes Telefonat von zehn Minuten kostete ungefähr 20.000 Lire. Also ungefähr fünfundzwanzig Franken! Wir lebten in Italien sowieso auf großem Fuß und warfen mit Millionen um uns.

Nach fünf Monaten und genau eine Woche vor dem Geburtstermin unseres Kindes wurden uns der Telefonapparat und die Nummer geliefert.

Das erste Telefon mit Mutti war ein Genuss. Die erste Telefonrechnung ein Horror ...

Wenn heute bei offenem Fenster und Licht sich die Mücken im Schlafzimmer ein Stelldichein geben, kommt mir die Wohnung in Leifers in den Sinn. Im Sommer konnte ich die Fenster offenlassen, das Licht anmachen und kein Insekt verirrte sich ins Haus. Das Geheimnis ist schnell gelüftet: Wir hatten freie Aussicht auf eine Apfelplantage. Immer wieder sahen wir weiße Wolken aus den Bäumen steigen und konnten den Bauern beim Giften zuschauen. Das geschah mit solch einer Intensität, dass wirklich kein Insekt überlebte. Heute sei das nicht mehr so, erzählte mir Jahre später ein Landwirt. Jetzt würden sie nur noch gezielt und viel seltener die Bäume spritzen. Kann es sein, dass ich die Apfelsorte Golden nicht mehr essen kann, weil kaum eine andere Sorte erhältlich war?

Als wir das erste Mal den Gottesdienst besuchten, wurden wir herzlich empfangen. Die italienische und die deutschsprachige Gemeinde feierten zusammen. War das ein Kuddelmuddel! Die Kinder wirbelten durcheinander; es war laut; ich hörte Italienisch und Deutsch. Erst als einer nach vorne ging und die Stimme erhob, wurde es ruhig. Ich war froh, dass die Predigt auf Deutsch übersetzt wurde, da ich mit meinem Schulitalienisch zu wenig verstand.

Monika, die uns später so reich beschenkte, war hochschwanger. Auch Sandra, Barbara und Toni gehörten zu ihr. Aber wo war ihr Mann? Als wir nach ihm fragten, erfuhren wir, dass er im vergangenen Sommer an einem Herzinfarkt gestorben war. Ihr Schicksal machte uns tief betroffen. In den fünf Jahren, die wir im Südtirol blieben, entstand ein tiefe Freundschaft. Daniel wurde für die Kinder so eine Art Ersatzpapi. Noch heute schwärmen sie von seinen erfundenen »Räuber Hurrli«-Geschichten.

Wir versuchten uns einzuleben und machten uns mit den Gewohnheiten und Traditionen im Südtirol bekannt. All das Neue faszinierte mich. Leifers, unser Wohnort, war zu 80 % italienisch. Ich war herausgefordert, mein Italienisch zu gebrauchen. Bald wusste ich, dass man beim Fleisch nicht hundert Gramm, also »cento grammi«, bestellte, sondern kurz und bündig: »Un etto!«

Aber es standen uns noch einige Lektionen über das hiesige Leben bevor. Besonders das Zusammenleben von Italienern und Südtirolern war nicht immer das Einfachste. In der Gemeinde konnten die beiden Gruppierungen ohne Probleme neben- und miteinander leben. Sie sahen einander als Brüdern und Schwestern, verbunden durch den Glauben an den einen Gott. Aber sonst gab es immer wieder Auseinandersetzungen zwischen den Gruppierungen. Der Befreiungsausschuss Südtirol (BAS) verfolgte das Ziel, das Land von den Italienern zu befreien und es wieder Österreich zuzuführen. Ein Ziel, das dem der Südtiroler Volkspartei widersprach. 1972 war das »Südtirol-Paket« geschnürt worden. Darin waren Maßnahmen enthalten, die den Südtirolern größtmögliche Autonomie versprachen. Innerhalb kürzester Zeit sollten sie umgesetzt werden. Doch es dauerte zwanzig Jahre, bis der Landesobmann Silvius Magnago das Paket zum Abschluss brachte.

Der BAS scheute nicht davor zurück, mit Anschlägen sein Ziel zu erlangen. Anfänglich gab es vor allem Sachschaden, aber als die italienische Polizei mit Folterung und Gewalt gegen die Aufständischen vorging, kamen auch Menschen zu Schaden. Ich kann mich noch gut erinnern, wie mich das Foto eines bei einem Bombenanschlag zerstörten Altars erschreckte, da wir in der Nähe wohnten.

Auch im Kontakt mit den Südtirolern oder Italienern war die gegenseitige Abneigung manchmal zu spüren. Als wir einmal bei einem Südtiroler Weinbauern zu Besuch waren, fragte er uns: »Warum verabschiedet ihr euch mit dem italienischen Ciao (Tschau)? Diesen Gruß haben wir gar nicht gern! Er erinnert uns immer daran, dass wir von den Italienern besetzt wurden.« Dani und ich entschuldigten uns und erklärten, dass das Tschau bei uns in der Schweiz Brauch sei. Aber wir gewöhnten uns schleunigst das einheimische »Pfiäti« an. Auch schön, so im Sinn von: Sei behütet!

Die Geburt unseres ersten Kindes nahte. Der errechnete Termin war bereits vorbei. Alle waren nervös und beunruhigt. Ich wartete gespannt auf die ersten Wehen. Wie wird sich das anfühlen? Am Montag, den 28. April spürte ich gegen Abend ein leises Ziehen im Bauch. Der Schmerz wurde immer stärker und kam in regelmäßigen Abständen. Dani und ich entschieden uns, zum Grieserhof zu fahren. Da ich in einer Krankenkasse der Schweiz versichert war, konnte ich mir einen privaten Arzt und eine private Klinik leisten und musste nicht zu jeder Untersuchung ins riesige Spital gehen, wo vielleicht jedes Mal jemand anders zuständig gewesen wäre. Mein Arzt würde auch garantiert zur Geburt kommen, das hatte er zugesichert. In all dem Neuen und Unbekannten war ich sehr froh, diese Geborgenheit zu erleben.

Im Grieserhof erkannten sie bald, dass es noch nicht so weit war. Mich brachten sie in ein Zimmer und Daniel schickten sie nach Hause. Am nächsten Tag spazierten wir stundenlang im kleinen Park herum. Die Wehen kamen und gingen, aber nichts bewegte sich. Wieder wälzte ich mich eine Nacht lang im Bett hin und her. Am Mittwochmorgen um acht Uhr kam der Arzt, untersuchte mich und schüttelte den Kopf: »Das gefällt mir nicht. Wir werden Sie nun an den Wehentropf anschließen. Jetzt muss es vorwärtsgehen!«

Pausenlos überrollte mich nun eine Wehe nach der anderen. Ich lag da und konnte nur noch Gott bestürmen, dass die Schmerzen vorübergehen. Einmal verließ Daniel das Zimmer. Ließ er mich jetzt im Stich? Nachher erzählte er, dass die Herztöne unseres Kindes auszusetzen begannen und dass er das nicht mehr ausgehalten habe. Als er wieder da war, begann er mit der Hebamme über ein Atomunglück in Tschernobyl und über die frei gewordene Strahlung zu sprechen.

Länger als vier Stunden ertrug ich bereits eine Wehe nach der anderen. Plötzlich rief der Arzt: »Jetzt ist es so weit, Frau Hofer. Pressen!« Was wollte der von mir? Ich hatte doch keine Kraft mehr. »Pressen, pressen! Bald ist es geschafft«, ermutigte mich die Hebamme. Ein letztes Aufbäumen und dann hörte ich eine Stimme sagen: »Gratulation! Ein Mädchen!« Sie legten mir das kleine Geschöpf auf den Bauch. Ein unbeschreiblicher Moment! Vergessen waren alle Schmerzen, nur der Augenblick zählte. Dann durfte der neugebackene Vater seine Tochter auf den Arm nehmen. Er stand da, schaute sie an und Tränen rollten über seine Wangen. Als wir rundum versorgt waren, brachten sie uns aufs Zimmer. Ich wollte nur noch eines: schlafen! Aber da stand schon der erste Besuch da. Vreni und Elisa hatten sich Sorgen gemacht, da sie seit Montagabend nichts mehr gehört hatten, und darum waren sie einfach aufs Geratewohl vorbeigekommen.

Daniel fuhr nach Hause und informierte die Eltern und Freunde, dass wir eine kleine Manuela bekommen hätten.

Im Grieserhof waren Nonnen als Krankenschwestern tätig. Um zehn Uhr brachten sie uns das letzte Mal die Kleinen, damit wir sie stillen konnten. Dann tauchte immer die gleiche Nonne auf, sammelte die Babys ein und nun waren sie bis morgens um fünf Uhr ihr Eigentum. Uns Müttern wurde beschieden, dass wir gefälligst schlafen und uns erholen sollten.

Am Mittwoch tauchte ein Priester auf, der die geweihte Hostie vorbeibrachte. Als er an meinem Bett stand, entschuldigte ich mich und erklärte, dass ich evangelisch sei. Abrupt wandte er sich ab und ging, ohne sich zu verabschieden. Auch von den Nonnen wehte mir nun ein deutlich kühlerer Wind entgegen. Das Südtirol war 150 % katholisch. Auch die anerkannte reformierte Kirche wurde als Sekte bezeichnet. So hätten die Katholiken nach dem Bau einer lutherischen Kirche in Meran 1885 eine Prozession um das Gebäude gemacht, um Gott für diese Sünde um Vergebung zu bitten.

Als ich wieder zuhause war, kamen Mutti und Däddi zu Besuch. Sie hielten ihr erstes Enkelkind glücklich in den Armen. Also Mutti vor allem. Däddi konnte mit dem schreienden Bündel nicht besonders viel anfangen.

PERUGIA

Die erste Zeit, bevor Manuela da war, hatte ich noch viele Anlässe in der Gemeinde besuchen können, nun wurde alles umständlicher.

Daniel ging in Nachbardörfern von Tür zu Tür, um Umfragen zu machen. Er besuchte Leute aus der Gemeinde, hatte Teamsitzungen, Gebetszeiten und so weiter. So war ich häufig allein. Hie und da besuchte ich Nachbarinnen oder lud sie zu mir ein. Als ich Frau Brustolini das erste Mal begegnete, fragte sie mich, ob ich Schweizerin sei. Hatte sie das meinem Italienisch mit Schweizer Akzent entnommen? Ich bejahte und zu meinem Erstaunen erzählte sie in breitem »Züridüütsch«, dass sie auch aus der Schweiz komme und in der obersten Wohnung lebe. Sie führte mich in die Kunst des italienischen Kaffeekochens ein. Obwohl ich wusste, dass sie zu den Zeugen Jehovas gehörte, brachte ich ihr vor Weihnachten ein paar »Guetsli« vorbei. Ich musste sie wieder mitnehmen. »Wir feiern keine Weihnachten. Das Fest wurde von einem heidnischen Brauch abgeleitet, daran wollen wir nicht teilnehmen«, erklärte sie mir. Ach, an meinen feinen Guetsli wäre sie sicher nicht gestorben!

Neben uns wohnte Luzia mit ihrem Sohn Marco. Es war auch ein Mann vorhanden, aber den bekamen wir nie zu Gesicht. Sie hatte es schwer mit ihrem Sohn. Fast jeden Tag hörte ich ihn »täubelä« und das mit so einer Hartnäckigkeit, dass Luzia ausflippte und ihn anschrie. Jedes Mal schmerzte mein Herz, aber ich hatte keine Ahnung, was ich machen könnte. Überhaupt war unsere Wohnung sehr ringhörig. Wenn die Frau über uns den Boden wischte, hörte ich, wie der Besen hin- und herglitt. Oder wenn im dritten Stock jemand die Toilettenspülung bediente, hätte es bei uns im Bad sein können.

Manchmal besuchte ich andere Teammitglieder, um etwas Gemeinschaft zu haben. Einmal war es wieder so weit. Ich musste einfach jemanden sehen. Ich entschied mich, mit dem Bus nach Bozen zu fahren. Für Manuela hatte ich einen Buggy dabei. Als ich in den Bus einsteigen wollte, sagte der Fahrer: »Kinderwagen sind nicht erlaubt.« Völlig verdattert stand ich da und stotterte: »Aber wie soll ich sonst in die Stadt kommen? Er ist ja zusammengelegt.« Nach längerem Hin und Her ließ er mich mit meiner Bagage einsteigen. Ich setzte mich auf einen Sitz, Manuela auf dem Schoß, und den Wagen hatte ich, so gut es ging, unsichtbar gemacht. Völlig erschöpft kam ich nach einer Dreiviertelstunde in Bozen auf dem Walther-von-der-Vogelweide-Platz an. Ich freute mich auf einen gemütlichen Schwatz mit Jutta, aber ich hatte die Rechnung ohne den Wirt gemacht. Erwin hatte gerade ein wichtiges Gespräch, und da er mit seinem Gast im Wohnzimmer war, mussten wir uns in die winzig kleine Küche zwängen. Bald kam in mir das Gefühl auf, Jutta von Wichtigerem abzuhalten. So verabschiedete ich mich und spazierte mit Manuela durch die Lauben, bis mich Dani am vereinbarten Treffpunkt abholte.

Immer mehr zeichnete es sich ab, dass Daniel unbedingt Italienisch lernen sollte. Wir waren darauf angewiesen, uns in dieser Sprache verständigen zu können. Wir entschieden uns im Sommer 1987 für drei Monate nach Perugia zu gehen, damit Dani die Schule besuchen könnte. Ich nahm mir vor, mein Schulbuch vom Seminar durchzuackern.

Wo sollten wir wohnen? Wir sagten beim billigsten Angebot zu. Im Haus der Operation Mobilisation (OM), einer christlichen Organisation, war ein Zimmer frei. Wir wussten, dass bereits Iren, Amerikaner und Engländer dort wohnten. Da kann sich jeder sofort vorstellen, welche Sprache wir meistens benutzten!

Die Wohnung in Leifers boten wir unseren Freunden und Verwandten als Feriendomizil an, um einen Zustupf an die Miete zu erhalten.

So packten wir Anfang Juli alles Notwendige in unser Auto und fuhren los.

Das Haus der OM lag außerhalb von Perugia. Es war ein steinernes, behäbiges Haus. Die Küche, das Wohnzimmer und einige Schlafzimmer befanden sich im ersten Stock.

»Leider müsst ihr zuerst mit dem Zimmer im Untergeschoss vorliebnehmen. Das andere ist noch von einem Ehepaar, das erst in zwei Wochen abreist, besetzt.« Was sollten wir machen? So war es nicht abgemacht gewesen. Aber die Frau war schwanger und wir konnten sie doch nicht vertreiben. Ein altes Ehebett stand im Raum, alles wirkte verlottert und es müffelte. Auf einem gusseisernen, schwarzen Kochherd richtete ich mir einen Wickeltisch für Manuela ein. Die Kleider ließen wir in den Koffern. Die Dreckwäsche schmiss ich in eine Ecke. Einmal war genug zusammen, um eine Wäsche zu machen. Ich hob sie auf und stieß einen gellenden Schrei aus. Auf dem Boden lag ein Skorpion und hielt drohend seinen Stachel in die Höhe. Ich packte den nächstbesten Gegenstand und schmetterte ihn auf das Tier. Es war Daniels Studienbibel. Dann setzte ich mich aufs Bett und versuchte mich zu beruhigen. Was wäre geschehen, wenn Manuela gestochen worden wäre? Damals wusste ich nicht, dass die meisten Skorpione ungefährlich sind.

Daniels Unterricht begann am nächsten Tag und ich erforschte mit Manuela die Umgebung. Olivenbäume und nochmals Olivenbäume …

Bald fand ich den Weg nach Perugia, das eine halbe Stunde entfernt lag, und holte meinen Mann von der Universität ab.

»Ich habe kein Wort verstanden. Der Lehrer spricht nur italienisch, auch wenn wir Anfänger sind. Wie soll ich da etwas lernen?«, erzählte mir Dani.

Wir spazierten – wie ganz Perugia – den Corso Vanucci, so hieß die Hauptstraße, hinauf und hinunter. Manchmal ließen wir Manuela den Tauben nachkriechen und bald war sie von Kopf bis Fuß mit einer Staub- und Dreckschicht bedeckt. Die Leute betrachteten uns kritisch. Ihre Kinder schienen Sonntagskleider zu tragen und keines beschmutzte sich. Mit der Zeit verstand ich, was die Eltern ununterbrochen riefen: »Non ti sporchi!« Mach dich nicht schmutzig! Auch unser Kind verwandelte sich zuhause in der Badewanne wieder in einen strahlend sauberen Wonneproppen.

Bald waren die zwei Wochen um und wir konnten im ersten Stock ein freundliches, helles Zimmer beziehen. Das erleichterte mir den Alltag sehr. Manuela machte die ersten Schritte und am liebsten zog sie dazu die Schuhe von Charlie an: Größe 47! Alle Bewohner hatten Freude an ihrem sonnigen Wesen und Manuela genoss es. Sie hörte Italienisch, Deutsch und Englisch und hatte Mühe, sich für eine Sprache zu entscheiden. So reichte ihr Antwortgeben von »Näi« zu »No« und »Nou«.

Das Essen war sehr einfach. Meistens Nudeln mit einer Tomatensauce. So habe ich es in Erinnerung. Eines Morgens wollte ich einen Kaffee trinken. Doch er widerstand mir total. Zum Mittagessen gab es eben die erwähnten Nudeln. Ich nahm einen Bissen und rannte wie der Blitz ins Badezimmer und musste erbrechen. Was war da los? Hatte ich etwas Unverträgliches gegessen? Als das Unwohlsein Tag für Tag anhielt, wurde mir klar, was es bedeutete: Ein Geschwisterchen für Manuela war unterwegs. Wir freuten uns sehr! Nur mit dem Geruch von Tomatensauce hatte ich die ganze Schwangerschaft hindurch meine liebe Mühe. Und das in Italien!

Daniel lebte sich an der Universität immer besser ein und begann auch mehr zu verstehen. Seine Schulklasse war international. Die Studenten kamen aus Indien, Mali, Nigeria, Indonesien, der USA, dem Niger, Deutschland, Österreich und der Schweiz. Fünfundvierzig Prozent von ihnen waren angehende katholische Priester, die nach diesen drei Monaten in Rom studieren wollten. Mit den Leuten aus Mali schloss er Freundschaften. Als er im September Geburtstag hatte, luden wir sie alle ein. Ich kochte Lasagne und zum Dessert gab es Tiramisu. Einer der Männer hielt längere Zeit die kleine Manuela auf dem Schoß und dabei liefen ihm Tränen übers Gesicht. Als Daniel ihn fragte, was er habe, sagte er: »Meine Frau und die drei Kinder sind in Afrika und ich habe solch großes Heimweh nach ihnen. Ich sehe sie erst wieder, wenn ich fertigstudiert habe.« Mir drückte es fast das Herz ab. Später sagte er zu Daniel: »Tu sei molto rico! Hai una macchina, una figlia e una moglie!« (Du hast ein Auto, eine Tochter und eine Ehefrau). Man beachte die Reihenfolge ...

Beim Abschied drückte Daniel jedem ein kleines Neues Testament in die Hand und sie bedankten sich herzlich.

Ein anderer Dauergast war Pietro, ein pensionierter Italiener. Er saß die meiste Zeit am Klavier und spielte ein paar Töne. Manchmal etwas nervenaufreibend. Er aß gelegentlich mit uns zusammen. Immer wieder sagte er: »Perché non hai rucola?« Warum hast du keine Rucola? Ich hatte keine Ahnung, was das war, und so musste ich ihn laufend enttäuschen. Zu ihm gehörte ein verbeulter Fiat Cinquecento. Da er bereits fünfundsiebzig Jahre alt war, sollte er einen Test für seine Fahrtauglichkeit machen. Pietro fragte Daniel, ob er ihn in seinem Fiat hinfahre.

»Kannst du nicht selber fahren?«, fragte Dani.

»Doch, aber wenn ich den Motor vor dem Verkehrsamt abstelle, bringe ich ihn nicht mehr zum Laufen. Das geht nur, wenn die Straße abschüssig ist.«

Als sie wieder zurück waren, erzählte mir Daniel eine erstaunliche Geschichte:

»Wir sind im ersten Gang zum Verkehrsamt gefahren. Die anderen Gänge funktionierten nicht. Dann blieb ich mit laufendem Motor auf dem Parkplatz stehen. Ich machte mich ganz klein, so peinlich war mir das Ganze. Nach kurzer Zeit kam Pietro zurück und stieg mit finsterer Miene ins Auto und brummte, dass er es nicht geschafft habe, weil er keine der drei Fragen richtig beantwortet hatte. Ich fuhr ihn zu seinem Zuhause und dort wird nun sein Auto vor sich hin rosten.«

Ende September war die Zeit in Perugia vorbei. Alles wurde in unseren weißen Citroen verpackt und die Heimreise begann. Dabei das kleine Wesen, das in mir heranwuchs. Wie genossen wir es, wieder als kleine Familie in der vertrauten Umgebung zu leben. Daniel stellte erfreut fest, dass er sich nun mit den italienischen Leuten der Gemeinde verständigen konnte. Ziel erreicht!

Menschen in Südtirol

Unsere Aufgabe in Südtirol bestand vor allem darin, mit Menschen in Kontakt zu kommen und herauszufinden, ob sie Interesse am Glauben und an der Bibel hatten. Einige ließen sich auf ein Bibelstudium ein. Dabei wurden grundlegende Fragen bearbeitet: Wer ist Gott? Wer ist Jesus? Was heißt Sünde? Was bedeutet Wiedergeburt? Ewiges Leben?

Wie aber konnten wir mit den Leuten in Kontakt kommen? Wir waren nicht die geborenen Evangelisten, wie zum Beispiel Erwin. Er brachte bei jeder Begegnung das Gespräch auf den Glauben. Die Menschen, die sich auf das Wagnis mit Jesus einließen, brauchten Begleitung und Unterstützung. Ein Stück Weg mit ihnen zu gehen, wurde unsere Aufgabe. Dani verstand es, jeden Menschen so zu nehmen, wie er war, das spürten sie und schöpften Vertrauen.

Da waren zum Beispiel die Stenico-Schwestern, die in einer Sozialwohnung lebten. Erwin hatte sie kennengelernt, als sie in Bozen bettelten. Bald besuchten Stenicos jeden Gottesdienst und alle anderen Anlässe. Am meisten Freude hatten sie an den gemeinsamen Mittagessen am Sonntag, an der Frauenstunde mit Kaffee und Kuchen und am Gebetsabend mit Tee und Guetsli. Aber nach wie vor traf man die beiden auf der Straße beim Betteln an.

Frau Stenico jammerte immer wieder über ihre körperlichen Beschwerden und konnte ihren Leistenbruch so bildhaft beschreiben, dass man die Gedärme fast aus dem Leib hängen sah. Nur ein sogenanntes Mieder könnte die Beschwerden verringern, betonte sie immer wieder. Da sie aber kein Geld habe, müsste sie halt weiterleiden.

Dani beschloss, ihr zu einem Mieder zu verhelfen. Bald hatte er genug Geld zusammen. Als er es ihr überreichte, versprach Frau Stenico hoch und heilig, dass sie sich gleich morgen dieses Teil besorgen wollte. Danis Begleitung lehnte sie ab. »Das ist nicht nötig. Ich will nicht noch mehr von deiner Zeit beanspruchen«, meinte sie.

Wir freuten uns sehr, dass wir ihr hatten helfen können, und waren überzeugt, dass sie nun auch nicht mehr betteln gehen musste. »Jetzt hat sie erlebt, wie sich christliche Nächstenliebe in praktischem Alltag auswirkt. Das wird sie sicher auch im Glauben stärken«, sagte Dani.

Drei Wochen später, als ich einkaufen ging, sah ich zwei Frauen vor der Eingangstür des Lebensmittelgeschäfts stehen. Die eine redete auf die andere ein und gestikulierte wild mit den Händen. »Ich habe einen Leistenbruch und brauche ein Mieder, um die Beschwerden zu lindern«, jammerte sie.

Frau Stenico! Aber die braucht doch gar kein Mieder mehr!?

Als sie mich erblickte, drehte sie sich um und verschwand. Konsterniert machte ich meine Einkäufe, eilte nach Hause und erzählte Dani von meinem Erlebnis.

»Sind wir naiv«, sagte mein Mann. »Wir haben angenommen, dass Frau Stenico nicht mehr betteln geht, weil wir ihr das Geld für das Mieder besorgt haben. Aber es macht den Anschein, als wolle sie ihre große Leidensgeschichte, die sich beim Betteln ausbezahlt, nicht aufgeben. Den Zustupf wird sie brauchen. Die Rente allein reicht nirgends hin.«

Eine andere Frau, Gertrud Hübler, war ein Unikum. Das Team hatte mich gebeten, sie regelmäßig zu besuchen. Sie war sehr dick, konnte fast nicht mehr laufen, dafür reden wie ein Wasserfall. Ihre keifende, fast bellende Stimme habe ich immer noch im Ohr. Aber auch sie war ein Geschöpf Gottes, das ich lieben sollte, darum ging ich trotz aller Schwierigkeiten immer wieder hin. Als sie einmal am Telefon jammerte, wie schlecht es ihr ginge und dass sie zu wenig Geld hätte, nahm ich Esswaren mit. Ich dachte, dass sie kurz vor dem Verhungern stünde. Als ich mit meinen Taschen die Wohnung betrat und sie mich in die Küche führte, sah ich dort Büchsen und Getränkekartons gestapelt, die mindestens für ein Jahr reichen würden. Ich sagte nichts und gab ihr meine Sachen, und das Gespräch beziehungsweise ihr Vortrag begann: »Das nächste Mal möchte ich aber Erbsen mit Karotten, Apfelmus oder diese Babykekse, die vertrage ich besser als das Zeugs, das du mitgebracht hast.«

Ein Plastiksack, den sie immer bei sich trug, erregte unsere Aufmerksamkeit. Als wir ihr Vertrauen gewonnen hatten, erzählte sie uns, dass das ihr Engelchen sei, und sie zeigte uns eine kleine, steinerne Engelsfigur. »Mein Mädchen ist als kleines Kind gestorben und so habe ich es immer bei mir.«

Als sie einmal bei uns zu Besuch war, vergaß sie ihren Sack, weil ich ihn weggestellt hatte. Nachdem sie den Verlust im Auto bemerkt hätte – so erzählte Dani–, sei sie in Panik geraten und habe hysterisch zu schreien begonnen, sodass er auf der Stelle umkehren musste. Erst als sie ihr Engelchen im Arm hatte, beruhigte sie sich wieder.

Sie besaß noch eine andere Eigenart: Wenn sie unsere Wohnung betrat, lief sie von Zimmer zu Zimmer, öffnete alle Kästen und kommentierte, was sie da sah. Du meine Güte! Was haben wir uns gefallen lassen! Wir waren halt Christen und die mussten doch demütig und lieb sein.

Ich hatte sowieso die Vorstellung, dass ich als »Missionarsfrau« immer gut drauf sein müsste und keine Probleme haben dürfte. Ich wollte doch ein Vorbild sein. Vor unserer Rückkehr in die Schweiz sagte mir eine Frau: »Ursi, bei dir bekam ich den Eindruck, dass immer alles gut läuft. Ich hätte mir manchmal gewünscht, dich mehr zu spüren. Mit allen Nöten und Freuden.«

Eine andere Familie, die wir betreuten, lebte von staatlicher Hilfe. Andauernd war das Geld zu knapp. Sie waren überglücklich, als sie eine neue Sozialwohnung beziehen konnten. Bald luden sie uns zu einem Besuch ein. Als ich die Wohnung betrat, traute ich meinen Augen nicht: Alles neue Möbel! Eine schöne Küche und auch das Kinderzimmer vom Feinsten! »Wie schafft man das, wenn man kein Geld hat?«, fragte ich mich. Bei mir schwang sicher auch Neid mit, weil in unserer Wohnung immer noch die alten Möbel standen.

»Wir haben die Möbel auf Abzahlung gekauft. Aber das Zahlen der Raten schaffen wir ohne Probleme«, erklärten sie uns unaufgefordert. Für Hilfe beim Geldeinteilen hatten sie kein Gehör. Budgetmachen war ein Fremdwort. So kam es häufig vor, dass sie Ende des Monats kein Geld mehr für Esswaren hatten. So gut wir konnten, unterstützten wir sie.

Mit der Zeit erfuhren wir vieles aus ihrem Leben. Beide hatten eine schwierige Kindheit erlebt und waren in großer Armut aufgewachsen. Ich begann ihr Bedürfnis, etwas Schönes zu besitzen, zu verstehen. Es gab ihnen das Gefühl, jemand zu sein, und bot ihnen Selbstwert.

Im November 1986 bekamen wir einen Anruf, der uns herausforderte. Hedi, ein Tunesier, suchte eine Unterkunft für die Zeit, bis er die Bewilligung erhalten würde, wieder in die Schweiz zurückzukehren. Wir machten ihm im Wohnzimmer eine Schlafgelegenheit bereit. Hedi war ein ruhiger, angenehmer Wohngenosse. Aber er war zutiefst traurig, dass er nicht bei seiner geliebten Ursina sein konnte. Sie waren verheiratet und doch hatte etwas mit der Aufenthaltsbewilligung nicht geklappt. Am meisten belastete ihn, dass er nicht wusste, ob er rechtzeitig zur Geburt ihres ersten Kindes in der Schweiz sein würde. Immer wieder nahm er die kleine Manuela mit Tränen in den Augen in die Arme. Wir versuchten ihm das Exil erträglich zu gestalten, aber da er nur Französisch sprach, konnte er sich mit den Südtirolern und Italienern kaum verständigen und hatte nur uns als Gesprächspartner.

Welche Erlösung, als endlich die ersehnten Papiere eintrafen! Noch am gleichen Tag packte er und machte sich auf den Heimweg.

Jahre später – wir hatten den Kontakt verloren – erhielten wir einen Anruf von seiner Frau. Sie fragte, ob sie uns besuchen dürften. Ihre Töchter wollten unbedingt die Leute kennenlernen, bei denen ihr Papi damals gelebte hatte, als er die Schweiz verlassen musste. Hedi erkannten wir sofort wieder: Sein schwarzes krauses Haar war zwar mit weißen Fäden durchzogen, die Gestalt fülliger geworden, aber auf seinem Gesicht lag immer noch der gleiche gutmütige Ausdruck. Ich suchte Fotos hervor und die Kinder staunten, wie ihr Vater bei uns gelebt hatte.

Noch einmal bedankten sie sich, dass wir sie in ihrer damaligen Not unterstützt hatten. Für uns war es schlicht und einfach selbstverständlich gewesen.

Die Geburt unseres zweiten Kindes kam immer näher. Eine Woche vor dem Geburtstermin fand noch die Osterfreizeit auf dem Weißenstein statt. Sechzig Leute hatten sich angemeldet. Auch die Schwiegereltern reisten aus der Schweiz an, um die Tage mit uns zu verbringen. Mit meinem dicken Bauch saß ich meistens nur herum. Viel war nicht mehr mit mir anzufangen. Manuela war vom Lärm und den vielen Menschen überfordert. Sie klebte förmlich an mir.

Als wir wieder zuhause waren, schlich ein Tag um den anderen vorbei. Nichts tat sich. Aber eines hatte ich mir geschworen: Ich würde erst mit heftigen, in kurzen Abständen kommenden Wehen in den Grieserhof gehen. Noch einmal so ein Theater wie bei Manuelas Geburt wollte ich nicht mehr erleben!

Am Nachmittag des zwölften Aprils bemerkte ich mehr und mehr ein Ziehen im Bauch. Abends gegen zehn Uhr, als die Wehen regelmäßig alle zehn Minuten kamen, rief Daniel Elisa an. Sie hatte sich bereit erklärt, unsere kleine Tochter zu hüten. Als sie da war, fuhren wir los. Die halbstündige Fahrt kam mir sehr lang vor. Daniel stützte mich bis zum Eingang. Die Nachtschwester nahm uns in Empfang, geleitete mich auf ein Zimmer und Daniel konnte sich in einem Gästezimmer hinlegen. Um Mitternacht hielt ich es nicht mehr aus. Ich schleppte mich zu Dani und sagte: »Du, mir geht es gar nicht gut. Komm, wir müssen zur Nachtschwester.« Die Nonne begleitete uns zum Lift, und als ich fast zusammenklappte, wurde ihr angst und bange. Die Hebamme erwartete uns bereits im Geburtssaal. »Schnell, legen Sie sich auf das Bett, damit ich untersuchen kann, wie weit die Geburt fortgeschritten ist.« Ein aufgeregtes Getuschel begann und ich hörte etwas von »sofort den Arzt benachrichtigen«. Zu mir gewandt sagte sie: »Das dauert nicht mehr lange!« Und tatsächlich, nur eine halbe Stunde später konnten Daniel und ich unsere zweite Tochter in den Händen halten.

Da wir im Voraus wussten, dass es ein Mädchen würde, hatten wir uns nur um weibliche Vornamen bemüht. Mir gefiel Natanja sehr, weil ich eine berührende Geschichte zu diesem Namen gelesen hatte. Daniel meinte zuerst, dass der Vokal A viel zu häufig vorkomme, aber ich setzte mich durch. Natanja hatte es mit diesem Namen nicht immer einfach. Häufig wurde sie Tanja oder Nathalie genannt. Einer Freundin erklärte sie Folgendes: »Als mein Papi mich bei der Geburt das erste Mal sah, rief er ganz laut: Na! Tanja?

Und so entstand der Name.« Die Freundin staunte und glaubte ihr die Geschichte aufs Wort.

Meine Mutter kam so schnell wie möglich ins Südtirol. Sie verwöhnte Daniel und Manuela mit ihren Kochkünsten und blieb auch noch ein paar Tage, als ich wieder zuhause war. Unvergesslich blieb ihr das Blütenmeer der Apfelbäume. Davon schwärmt sie heute noch.

Manuela hatte Freude an der kleinen Schwester. Da sie auch eine Puppe zum Stillen, Wickeln und Pflegen hatte, war sie abgelenkt, wenn ich mich mit Natanja beschäftigte. Manchmal packte sie der Übermut und sie gab Natanja einen Stups, um sie dann anschließend wieder zu trösten.

Bei einem Arztbesuch stellte sich heraus, dass die Hüfte von Natanja nicht in Ordnung war. Sie bekam Spreizhosen verordnet. Mit häufigem Protestgeschrei wehrte sie sich gegen das Gestell. Elisa meinte einmal: »Ist das normal, dass Babys so viel weinen?«

Als Natanja wieder nach Lust und Laune strampeln konnte, verwandelte sie sich in ein zufriedenes, pflegeleichtes Kind. Nur in der Nacht weckte sie mich öfters, aber sobald sie merkte, dass die Mama noch da war, versöhnte sie mich mit einem strahlenden Lächeln.

Da Dani sich häufig um Menschen kümmerte, die am Rand der Gesellschaft lebten, wuchs in ihm der Wunsch, sich im sozialen Bereich weiterzubilden oder konkreteres Wissen im Umgang mit Suchtabhängigen zu erwerben. Wir begannen uns über Möglichkeiten in der Schweiz zu informieren und besuchten verschiedene Institutionen. Als im Januar 1989 ein junges Ehepaar für sieben Monate auf eine Bibelschule in Österreich ging, beschlossen wir ihre Wohnung zu hüten. Für uns war das eine gute Übergangslösung, bevor wir in die Schweiz zurückkehren würden. Die Wohnung lag mitten in Bozen und war über eine lange Treppe erreichbar. Manuela bereitete der Aufstieg große Mühe. In ihrer Verzweiflung sagte sie einmal: »Papi, chömmer nöd mit dem Auto uefahrä?« Eigentlich lag die Wohnung im dritten Stock, aber man konnte nur vom Wohnzimmerfenster aus, auf dem Sofa stehend, den Himmel sehen. Das Licht für die Schlafräume und die Küche gaben Lichtschächte. Beim Kochen und Essen musste ich immer das Licht anlassen. Öfters kam es vor, dass ich nicht wusste, welches Wetter draußen war und was ich den Kindern anziehen sollte, wenn ich die Wohnung verließ.

Mutter kam im Januar für zwei Wochen, betreute unsere Mädchen und half zügeln. Einmal sagte sie: »Pass auf, Ursi! Es gibt immer wieder Zügelkinder!« Ich schaute sie zweifelnd an und dachte, dass das anderen, aber sicher nicht uns geschehen würde.

Ob sie eine prophetische Gabe hatte? Zwei Monate später war ich schwanger, dabei war Natanja knapp zehn Monate und Manuela noch keine drei Jahre alt.

Wieder suchte jemand ein Zuhause und wieder nahmen wir ihn auf. Erwin hatte uns von einem Drogenabhängigen erzählt, der nicht mehr bei seinem Großvater leben konnte. Reinhard sei zum Glauben gekommen und nähme keine Drogen mehr. Auf der Couch im Wohnzimmer konnte er schlafen. Naiv, wie ich war, glaubte ich, dass er »clean« wäre, und staunte doch, dass er keine Entzugserscheinungen zeigte. Manchmal verließ er das Haus und kam sehr entspannt wieder zurück.

Nach zwei Monaten wuchs mir die Situation über den Kopf. Schwanger, zwei kleine Kinder und immer jemand im Haus, das war zu viel für mich. Schweren Herzens eröffneten wir Reinhard, dass er nicht mehr bei uns bleiben konnte.

»Ob er wohl wieder in den Drogen landen wird?«, fragten wir uns.

Daniel vernahm später, dass er in eine Therapiestätte eingetreten war. Unsere Schuldgefühle verschwanden und machten der Erkenntnis Platz, dass er nie zu einem Entzug bereit gewesen wäre, wenn er weiterhin bei uns im warmen Nest hätte bleiben können. Ein Körbchen, das er selber geflochten hatte, schenkte er uns als Dankeschön. Seit ewig bewahre ich die Klammern für die Wäsche darin auf. Es hat alle Umzüge überlebt.

Unsere Pläne für eine Weiterbildung in der Schweiz zerschlugen sich. Alle Institutionen, die wir uns angeschaut hatten, verfügten entweder über keinen Ausbildungsplatz oder entsprachen nicht unseren Vorstellungen. Da das junge Ehepaar aber Ende August zurückkommen würde, mussten wir schnellstens eine neue Wohnung suchen. Die Zeit verstrich. Es gab kaum Mietwohnungen auf dem Markt. Was wir fanden, waren Einfamilienhäuser, die sich aber an den abgelegensten Orten befanden. Zum Beispiel im Eggental, wo im Winter während drei Monaten keine Sonne scheinen würde. Nachdem wir das Haus besichtigt hatten, überfielen mich in der Nacht Albträume und ich entwickelte ein regelrechtes »Eggental-Trauma«. Ich war für vieles bereit, damit wir im Herbst eine Wohnung hatten, aber bei solchen Objekten wäre eine handfeste Depression vorprogrammiert gewesen.

Wir schalteten Inserate. Einmal rief ein Mann an und machte mir große Hoffnungen auf eine Vierzimmerwohnung. Als er aber komisch zu atmen begann und wissen wollte, welche Haarfarbe ich hätte – nicht nur auf dem Kopf, sondern auch in der Schamgegend –, schmiss ich den Hörer aufs Telefon und setzte mich mit zitternden Knien auf einen Stuhl. Was war das für ein Mensch, der die Notlage der Wohnungssuchenden auf diese Art missbrauchte?

Vier Wochen blieben nur noch. Wo wird unser Zuhause sein? Wir bestürmten Gott, dass er uns nicht im Stich lassen sollte.

Eine Frau aus dem Team rief mich an und fragte: »Was macht ihr eigentlich, wenn ihr keine Wohnung findet?«

»Wir haben bereits einen Platz unter der Talferbrücke reserviert«, scherzte ich. »Im Ernst, wenn wir nichts finden, werden wir in die Schweiz zurückkehren müssen.«

»Aber wenn euch Gott hier haben will und Dani das auch so sieht, dann musst du dich ihm unterordnen. Das weißt du, oder?«

»Was denkst du eigentlich?«, antwortete ich. »Dani und ich entscheiden gemeinsam. Es käme ihm nie in den Sinn, gegen meine Wünsche zu handeln.«

Drei Wochen vor der Rückkehr des jungen Ehepaars fanden wir eine 5-Zimmer-Wohnung. Die Zeit genügte knapp, um den Umzug vorzubereiten. Der Spruch: »Gott ist ein Gott der letzten Minute« kann ja stimmen, aber ich hätte darauf verzichten können. Auf der anderen Seite schuf das Erlebte Vertrauen, dass Gott zu uns schaut und zur rechten Zeit Hilfe schafft. Aber manchmal könnte er etwas schneller reagieren ...

Meine Mutter kam als rettender Engel und half mir zu putzen und zu packen. Mit meinem runden Bauch kam ich mir selber in die Quere.

Als wir mit Sack und Pack in der neuen Wohnung ankamen, verschlug es uns den Atem. Überall standen Abfallsäcke herum, nichts war gereinigt und die Küche starrte vor Dreck. Ich musste fast erbrechen, so ekelte es mich. Wir hatten zwar mit den Vormietern abgemacht, dass sie uns die Küche und vereinzelte Möbel überlassen könnten, und hatten sogar eine Abfindung bezahlt. Aber dass sie unser Angebot so großzügig auslegen würden, damit hatten wir nicht gerechnet.

Monika nahm sich der Küche an und schrubbte stundenlang, bis sie sauber war. Andere strichen die Wände und räumten den Abfall weg. Ich saß auf einem Stühlchen und dirigierte die Arbeiten.

Daniels dreißigster Geburtstag und die Einweihung der Wohnung war eine gute Gelegenheit, ein Fest zu machen. Ungefähr fünfzehn Leute kamen. Plötzlich hörten wir ein Klopfen. Daniel ging, öffnete die Haustür, aber da stand niemand. Als es sich wiederholte, realisierten wir, dass es unter unseren Füßen polterte. »Oha, da müssen wir uns morgen entschuldigen«, sagte Dani.

Am nächsten Tag ging er zum Nachbarn hinunter, um eine Erklärung für den Lärm zu geben. Bis in unsere Wohnung bekam ich die lautstarke Auseinandersetzung mit. Dani kehrte bedrückt zurück und erzählte mir, dass Herr Bagno ihn beschimpft und mit der Polizei gedroht hatte, wenn wir noch einmal so laut wären. Noch öfters gab er seinem Unmut mit lautem Geklopfe Ausdruck. Natanja hatte gerade laufen gelernt und setzte ihre kleinen Füße ziemlich unkontrolliert auf. Das machte immer »Patsch, patsch«. Wir statteten sogar das Esszimmer mit Teppich aus, damit der Lärm etwas gedämpft wurde. Froh waren wir um das fünfte Zimmer, das nicht über Familie Bagnos Wohnung lag. Es wurde das Spielzimmer der Kinder.

Da unsere Wohnung drei Schlafzimmer hatte, wurde die Praktikantin der Gemeinde bei uns einquartiert. Esther war ein angenehmer Gast. Sie packte bei der Hausarbeit an und scheute sich nicht, Windeln zu wechseln. Ihr Praktikum fiel in eine Zeit, in der es in unserer Gemeinde mehr und mehr Differenzen gab.

Das von der Bibelschule heimgekehrte Ehepaar hatte neue Erkenntnisse über Aussagen der Bibel mitgebracht, die das Team und die Gemeinde übernehmen sollten. Unausweichlich entstanden Differenzen. Ihre Forderung, dass alle Frauen während des Gottesdienstes Kopftücher tragen sollten, wäre noch vertretbar gewesen. Aber dass die Kompetenzen der Frauen eingeschränkt wurden, das ging uns zu weit. Im Gottesdienst hatten sie nichts zu sagen und auch ein lautes Gebet war unerlaubt. Jegliche Lehrtätigkeiten, Wortauslegungen oder Leitungsfunktionen blieben den Männern vorbehalten.

Das Wort des einheimischen Ehepaars galt mehr als das der »Fremden« aus der Schweiz und Deutschland. So dauerte es nicht lange und die Spaltung der Gemeinde war Tatsache. Viele Mitglieder wussten nicht, welcher Seite sie sich anschließen sollten, weil sie bei beiden Gruppen Angehörige oder Freunde hatten.

Doch die Vorstellung, dass die wenigen Evangelikalen in Bozen zerstritten waren, bereitete unserem Team Kopfschmerzen. Mit viel Gebet wuchs der Wunsch nach Gesprächen und einer Versöhnung. Tatsächlich kam eine Einigung zustande. Die Gemeinden fanden wieder zusammen und die Leitung wurde dem jungen Ehepaar übergeben, also dem Mann natürlich!

Unser Team bedingte sich aus, dass das Kopftuchgebot für uns Frauen nicht gelten sollte.

Darum trug ich nie ein Kopftuch. Einmal nach einer Predigt nahm mich die Frau des Predigers auf die Seite und sagte zu mir: »Ursi, wenn du einmal die gleiche Erkenntnis hast wie ich, wirst auch du ein Kopftuch tragen.« Ich warte immer noch.

Joels Geburt und zurück zu den Wurzeln

Die Geburt unseres dritten Kindes kam immer näher. Am 19. Oktober hatte ich am Nachmittag eine Untersuchung im Grieserhof, meiner Geburtsklinik. Vor der Kontrolle hatte ich ein leichtes Ziehen im Bauch bemerkt, aber der Wehenschreiber meldete keine Bewegung. Als ich gemütlich nach Hause spazierte – die Klinik lag etwa eine halbe Stunde zu Fuß entfernt –, durchdrang mich plötzlich ein stechender Schmerz und ich musste mich an einem Gartenzaun festhalten, bis er vorbei war. »Aha, du kleines Geschöpf«, murmelte ich, »du machst dich auf den Weg ans Licht.«

Während des ganzen Nachmittags hatte ich immer wieder Kontraktionen. Gegen Abend wurden die Abstände kürzer. Aber weil ich mich zuhause frei bewegen konnte, waren die Schmerzen erträglich. Abends um fünf Uhr kam Dani nach Hause und ich erzählte ihm, dass die Wehen losgegangen waren. »Du kannst aber gut noch etwas essen. Das dauert noch länger, bis wir ins Spital müssen«, sagte ich noch.

Um sechs Uhr klingelte es an der Tür. Eine Bekannte aus der Gemeinde brachte etwas vorbei.

»Komm nur herein«, sagte Dani.

»Mm, das ist ungeschickt«, wollte ich sagen, aber da mich der Schmerz einer Wehe überrollte, flüchtete ich ins Wohnzimmer.

»Willst du noch die Wohnung sehen?«, hörte ich Dani fragen. Ich stellte mich neben ihn, zupfte ihn am Ärmel und flüsterte ihm ins Ohr: »Dani, wir sollten gehen! Die Wehen kommen schon alle fünf Minuten!«

Hektik brach aus, und bis wir im Auto saßen, war es bereits halb sieben. Als wir den Grieserhof erreichten, konnte ich fast nicht mehr aussteigen, geschweige denn laufen. Eine Wehe nach der anderen löste sich ab. Die Nonne, die uns zu Hilfe eilte, führte uns direkt in den Gebärsaal. »Hast du den Arzt erreicht?«, hörte ich sie fragen. »Ja, er kommt sofort.«

Mir war alles gleich. Hauptsache, der Schmerz würde aufhören.

Plötzlich hieß es: »Pressen!«

»Ich sehe das Köpfchen!«, rief Dani. Kurze Zeit später hielt der Arzt ein kleines, schreiendes Geschöpf in den Händen.

»Es hat ein Banänchen. Frau und Herr Hofer, Sie haben einen gesunden Buben erhalten.«

Unser Joel war da.

Als Daniel Manuela von ihrem neuen Bruder erzählte, fragte sie: »Hat er auch einen Schnauz wie du?«

Die Südtiroler gratulierten Daniel freudig zu seinem »Stammhalter«. Bei Manuela und Natanja hatte eher ein mitleidiger Ton mitgeschwungen, da es nur zwei »Gitschen« (Mädchen) waren.

Als der kleine Joel ein paar Monate alt war, bekam ich manchmal ganz komische Zustände. Zum Teil war ich nicht mehr fähig zu entscheiden, ob ich mit den Kindern auf den Spielplatz gehen sollte oder nicht. Oder ich tigerte in der Wohnung hin und her und war unsäglich traurig. Manchmal rief ich Dani an und fragte ihn, ob er nach Hause kommen könne. Ich hätte keine Kraft mehr. Ich nehme an, dass das Erschöpfungsdepressionen waren.

Während ich diese Worte schreibe, realisiere ich, dass ich solche Zeiten auch schon als Jugendliche kannte. Mit siebzehn, achtzehn Jahren war ich häufig um acht Uhr so müde, dass ich schlafen ging. Oder später, als ich unterrichtete, brauchte ich hie und da zwei, drei Tage Urlaub, um mich zu erholen. Und das bei dreizehn Wochen Ferien! 1983/84 machte ich ein Praktikum in der reformierten Kirche und hatte die Aufgabe, alle über fünfundsechzigjährigen alleinstehenden Personen zu besuchen. Ich musste zuerst anrufen, ob ein Besuch erwünscht wäre oder nicht. Das kostete mich jedes Mal große Überwindung. Ich hatte ja keine Ahnung, wer am anderen Ende des Drahtes war und wie die Person reagieren würde. Hatte ich einen Termin abgemacht, kam die nächste Herausforderung: An einen unbekannten Ort gehen, einer unbekannten Frau oder einem unbekannten Mann begegnen und ein Gespräch suchen. Alles kostete Kraft, viel Kraft.

Diese Aufgabe ging wohl über meine Kräfte. Eines Morgens erwachte ich und konnte nur noch weinen. Ich war erschöpft. Ich flüchtete zu einer Freundin. Diese handelte sofort und reservierte mir in einem Haus der Stille für ein paar Tage ein Zimmer und fuhr mich gleich hin. In der heimeligen, ruhigen Umgebung und mit der liebevollen Begleitung des Leiterehepaars erholte ich mich so weit, dass ich nachher wieder meiner Arbeit nachgehen konnte.

Zurück ins Südtirol: Bald nach Joels Geburt fragte Linda, eine Frau aus der italienischen Gemeinde, ob sie mich im Haushalt unterstützen könnte. Sie kam mir vor wie ein Engel, da mit drei kleinen Kindern doch vieles liegen blieb. Vor allem Danis Hemden für den Predigtdienst warteten schon länger darauf, gebügelt zu werden. Ich bat sie, mir bei der Wäsche zu helfen. Am nächsten Mittwoch pünktlich um zwei Uhr stand Linda vor der Tür. Ich hatte die Wäsche und das Bügelbrett bereitgestellt und sie machte sich an die Arbeit. Ich setzte mich mit Joel auf die Eckbank und eine vergnügliche Plauderstunde auf Italienisch begann. Linda korrigierte mich liebevoll, wenn ich etwas falsch aussprach oder ein ungeeignetes Wort gebrauchte. So wollte ich einmal sagen, dass bei uns immer eine große

Unordnung sei. »Da noi c'è sempre un grande casino.« (Bei uns ist immer ein großes Casino.)

»Das sagt man nicht so, dieses Wort bedeutet für uns auch Bordell«, antwortete sie. Es wäre besser, wenn ich »disordine« oder »caos«, Unordnung oder Chaos, gebrauchte. Durch das ungezwungene Reden mit ihr verlor ich die schweizerische Scheu, einen Fehler zu machen. Ich lernte die Sprache fließen zu lassen.

Nachdem sie aber beim ersten Mal auch die Unterhosen und -leibchen sowie alle T-Shirts gebügelt hatte, stellte ich nur noch die Bügelwäsche hin. Den Rest versteckte ich.

Einmal sagte sie zu mir: »Du bist für mich wie eine Ersatztochter und hilfst mir, die Distanz zu meiner eigenen Tochter in Süditalien zu ertragen.«

Die neue Gemeindeleitung hatte gewünscht, dass alle Mitarbeiter einer bezahlten Arbeit nachgingen. »Vollzeitler« – so wurden Dani und die anderen Mitglieder des Teams bezeichnet – waren nicht mehr erwünscht. Tatsächlich fand Dani eine Stelle als Maschinenmechaniker. Dabei hatte er nach der Ausbildung keinen Tag auf seinem Beruf gearbeitet! In einem Brief beschrieb er seinen Alltag so: »Acht Stunden arbeite ich mit vollem Einsatz. Eine halbe Stunde Mittagspause habe ich. Dazwischen kann man sich kaum erlauben, einen Apfel zu essen. Die Produktion muss laufen, auch bei minus vier Grad in der Halle. Mein Monatsgehalt beträgt ungefähr 1.450 Franken netto. Ein guter Lohn für Südtiroler Verhältnisse. Im Januar stand der Chef plötzlich hinter mir und meinte, dass die Arbeit in der Hälfte der Zeit gemacht werden müsste. Vielleicht wäre es besser, wenn ich mich nach einer neuen Arbeit umsähe. Ich war sehr frustriert, da ich mir solche Mühe gegeben hatte. Erstaunlicherweise nahm er seine Aussage zwei Tage später wieder zurück.«

Da mein Mann nun regelmäßig das Haus verließ und am Abend um halb sechs wieder zurückkam, stieg meine Akzeptanz bei den Südtirolerinnen merklich. Predigen, Bibelstunden vorbereiten und halten, von Tür zu Tür gehen, das waren für sie keine Arbeiten gewesen und sie hatten mich beneidet, weil Dani viel zuhause war.

Aber jetzt war er ein richtiger Mann! Leistung ist wichtig und diese muss stimmen, da sind sich Schweizer und Südtiroler sehr ähnlich. Besser zwölf als nur acht Stunden arbeiten!

Eines Nachts wachte ich auf. Dani saß im Bett, rieb sich die Augen und sagte: »Ich habe etwas im Auge und das schmerzt!« Ich machte das Licht an und erschrak: Seine Augen waren geschwollen und die Linsen knallrot. Tränen liefen ihm übers Gesicht. Ich brachte ihm einen nassen Waschlappen.

Er legte ihn auf und die Schmerzen ließen nach. Endlich konnte er wieder einschlafen.

Beim Frühstück fragte ich ihn, ob er sich beim Schweißen nicht schützen müsse. »Doch, sicher!«, antwortete er.

Als sich das Ganze wiederholte, war klar, dass er sogenannte Schweißblenden erlebte. Er kündigte, sonst hätten seine Augen bleibend beschädigt werden können.

Die nächste Anstellung fand er im ERF (Evangeliums Rundfunk) in Meran. Die Arbeit war sehr vielfältig: Dani legte Musik oder Aufnahmen mit Vorträgen auf, kopierte Kassetten, ordnete Material, beschriftete Ordner, betätigte den Computer, holte die Post und trank Kaffee. Er war der Bursche für alles. Da er nur halbtags beschäftigt war, hatte er am Nachmittag und Abend genügend Zeit, um Kontakte zu pflegen und den Aufgaben in der Gemeinde nachzukommen.

Unsere drei Kinder machten uns viel Freude. Joel nahm immer mehr am Geschehen um ihn herum teil. Jede Aufmerksamkeit quittierte er mit einem Lächeln. Natanja entdeckte das Reden. Ihren kleinen Bruder nannte sie liebevoll »Jaul«. Erwachte unser »Pitschi-Böhndli« am Morgen, rief sie fröhlich: »Gägi wave!«

Manuela freute sich riesig auf ihren vierten Geburtstag. Dann durfte sie endlich auch die Sonntagsschule während des Gottesdienstes besuchen. Tieftraurig war sie gewesen, als ihre Freundin Margherita bereits im Januar teilnehmen konnte und sie noch warten musste. Sie hatte auch die italienische Sprache entdeckt. Alles wollte sie übersetzt haben. So lernten wir gemeinsam viele Ausdrücke. Schon lange hatte sie sich angewöhnt, anstelle von Danke Grazie zu sagen.

Im Sommer verbrachten wir zwei Wochen Urlaub in Caserta, einer Stadt in der Nähe von Neapel. Wohnen konnten wir bei Verwandten von Monika. Das Haus der Großmutter stand leer. Zu jedem Essen wurden wir von unseren Gastgebern erwartet. Als wir Antonietta und Vincenzo sagten, dass wir das Frühstück gerne selber machen würden, waren sie beleidigt und verstanden die »Svizzeri« nicht. Der Einblick in das süditalienische Leben war beeindruckend. Über allem stand die Familie. So eilten wir von Besuch zu Besuch, damit alle Geschwister von Monikas verstorbenem Mann berücksichtigt wurden. Sonst hätte es böses Blut gegeben. Überall wurden wir fürstlich bedient und lernten eine neapolitanische Spezialität nach der anderen kennen.

Einmal wollte Daniel unbedingt Gnocchi machen. Antonietta sträubte sich mit Händen und Füßen dagegen: »Ein Mann macht keine Hausarbeiten!« Nach langer Diskussion gab sie nach. Alle standen in der Küche und wollten an diesem Schauspiel teilnehmen. Immer wieder brauste Gelächter auf, wenn Antonietta Daniel korrigierte. Aber das Ergebnis ließ sich sehen! Stolz bemerkte Dani beim Mittagessen bei jedem Bissen, dass er die Gnocchi gemacht habe.

An einem anderen Tag lud uns Vincenzo zum Besuch des Palazzo Reale in Neapel ein. Er bezahlte für alle den Museumseintritt. Als wir ihm unseren Anteil zahlen wollten, winkte er ab. Stolz führte er uns durch die Säle und Hallen, erklärte dies und das. Nachdem wir fast alles gesehen hatten, war Vincenzo plötzlich verschwunden. Ich entdeckte ihn bei einem Museumswärter. Vinzenzo gab ihm die Tickets und erhielt dafür Geld in die Hand gedrückt. Ich fragte Monika, was das zu bedeuten habe. »Die meisten Einheimischen kennen jemanden im Schloss, der ihnen das Eintrittsgeld oder einen Teil davon wieder zurückerstattet. Das ist hier der Brauch. Den vollen Tarif oder noch ein wenig darüber hinaus bezahlen eigentlich nur die Touristen.«

Tatsächlich machten Daniel und ich genau diese Erfahrung, als wir einmal allein in ein Schwimmbad gingen. 7.000 Lira pro Person kostete uns der Spaß. Auch für die drei kleinen Kinder mussten wir bezahlen. Als wir zurückkehrten, wurden wir von Antonietta ausgeschimpft: »Mama mia! Non andare da sola! Wenn jemand von uns mitgekommen wäre, dann hättet ihr gar nichts bezahlen müssen.« Wen wundert es da noch, dass das Schwimmbad in einem schlechten Zustand war.

Bei jedem Essen lief der Fernseher. Ich musste mich auf die andere Seite des Tisches setzen, so lenkte mich das Geschwafel ab. Joel mit seinen acht Monaten hatte vor dem Urlaub mehr oder weniger bei uns am Tisch mitgegessen. Aber das italienische Essen behagte ihm nicht. Er verweigerte bald jeden Bissen. Was blieb mir anderes übrig, als ihn wieder zu stillen? Das war aber nur noch an einer Brust möglich. Die andere war von einer Entzündung stillgelegt. Die ungleich großen Brüste gaben wohl einen seltsamen Anblick.

Als wir einmal bei einer anderen Schwägerin zu Besuch waren, kam ein Vertreter vorbei. Er verkaufte Bettwäsche, Überwürfe und Sachen für den Haushalt. Die Schwägerin kaufte ihm vieles ab. »Das ist für die Aussteuer meiner Töchter!«

Erstaunt sagte ich zu Monika: »Wie machten sie das finanziell? Ich hatte bis jetzt nicht den Eindruck, dass sie auf Rosen gebettet sind.«

»Sie verschulden sich schwer, aber niemals würden sie eine Tochter ohne Aussteuer heiraten lassen. Auch die Hochzeit bezahlen die Brauteltern. Nur das Beste ist genug, auch wenn sie dafür Kredite aufnehmen müssen.«

Bei einem Besuch bei weiteren Verwandten fiel mir auf, dass das Haus kein Dach hatte. Die Armierungseisen für die Wände ragten in die Höhe und auch eine Treppe führte bis ganz hinauf. Stolz sagte Monikas Schwager: »Da werde ich eine Wohnung für meine Tochter bauen, wenn sie heiraten wird.«

Vierzehn spannende Tage verbrachten wir in Caserta und waren doch froh, wieder in die geordnete, geregelte Welt des Nordens zurückzukehren.

Im Herbst 1990 erhielt Dani einen Brief von Paul, einem Bekannten aus der Schweiz. Er suchte einen Mitarbeiter für die Suchtberatungsstelle des Blauen Kreuzes in Andelfingen. Diese Anfrage war ein Geschenk Gottes und erlöste uns aus dem ständigen Fragen, ob wir im Südtirol bleiben oder zurückkehren sollten. Danis Herzenswunsch, eine Ausbildung zum Sozialarbeiter zu machen, würde sich auch erfüllen, denn diese war mit der Anstellung verknüpft. Dani bewarb sich, konnte sich vorstellen, bekam eine Zusage und dann begann das Warten, ob er auch die Aufnahmeprüfung für die Sozialschule schaffen würde. Auch das gelang!

Die nächste Herausforderung stand uns bevor: eine geeignete Wohnung nicht zu weit entfernt von der Arbeitsstelle in Andelfingen zu finden. Es gab nur wenige, sehr teure Angebote. Alle um die 3.000 Franken herum. Für Hypotheken wurden damals bis zu sieben Prozent Zins verlangt.

Über Umwege erfuhren wir, dass in Stammheim eine Viereinhalb-Zimmer-Wohnung in einem Neubau zu haben wäre. Für nur 2.200 Franken. Wie sollten wir das mit dem Besichtigungstermin machen? Mit drei kleinen Kindern in die Schweiz fahren? Dani ging allein. Meine einzige Bedingung an die neue Bleibe war, dass niemand unter uns wohnen würde.

Als Daniel zurückkam, erzählte er mir begeistert von der Wohnung. Alles neu, eine Einbauküche mit Abwaschmaschine – das war Danis Wunsch gewesen – und weder oben noch unten, weder links noch rechts gab es Mitbewohner. »Der Vermieter war sehr erstaunt, dass ich allein kam. Er meinte, dass du sehr großes Vertrauen in mich hättest.«

Die neue Arbeit auf der Suchtberatungsstelle begann am ersten März. Doch die Wohnung würde erst im April fertig werden. Wir fragten unsere Eltern, ob wir abwechslungsweise bei ihnen wohnen könnten. Sie freuten sich, uns eine Weile bei sich zu haben.

So bestieg ich Ende Februar mit unseren drei Kindern, knapp anderthalb, drei und fünf Jahre alt, den Zug und reiste in die Schweiz. Wehmütige Gefühle beschlichen mich, als wir aus Bozen wegfuhren und die in den letzten fünf Jahren lieb gewordene Heimat und viele Freunde hinter uns ließen. Aber die Freude, wieder zu den Wurzeln zurückzukehren, überwog bald. Dani brachte noch mit Südtiroler Hilfe die Wohnung in Ordnung und reiste dann mit Gepäck und den Möbeln im geliehenen Kleintransporter hinterher.

Zuerst lebten wir bei meinen Eltern in ihrer kleinen Vierzimmerwohnung. Der fehlende Platz wurde durch ihre große Herzlichkeit wettgemacht. Den drei Kleinen war es wohl bei ihnen, denn es gab feine Sachen zu essen und nicht nur ein Eis, sondern gleich zwei oder drei. Und dann war da noch der Fernseher. Der zog sie an wie das Licht die Motten. Etwas völlig Neues für sie. Manchmal saßen sie wie in Stein gemeißelt davor und ließen sich von einem Film verzaubern.

Einmal machten wir einen Ausflug nach Stammheim, damit der Vermieter auch mich kennenlernen würde. Ich war von der Wohnung überwältigt und meine Vorfreude wurde riesengroß.

Als die zwei Wochen bei meinen Eltern vorbei waren, zogen wir zu Danis Eltern. Ein großes Haus, viel Platz und zwei Menschen, die sich freuten, uns bei sich zu haben. Doch da war ein großes Aber: Alles musste seine Ordnung haben. Das Essen, Spielen, Schlafgehen und so weiter. Ich versuchte nach Leibeskräften die kleine Bande im Griff zu haben. Unsere eher heiklen Kinder aßen nicht so brav, wie es erwünscht gewesen wäre. Ich wurde unsicher und fühlte mich als Versagerin. Spielten die Kinder im Wohnzimmer, räumte die Großmutti sofort wieder auf. Mich stresste die Situation, aber die Kinder nicht. Denn Großmutti erzählte ihnen mit viel Freude ein Bilderbuch nach dem anderen. Oder sie stellte das Kasperlitheater auf und alle saßen gebannt auf den Stühlchen und verfolgten das Geschehen mit offenen Mündern. Und erst die erfundenen Geschichten vom Großvati! Eng an ihn geschmiegt saßen sie da und lauschten seinen Worten.

Manuela war während dieser Zeit sehr anhänglich und weinte manchmal herzzerbrechend, wenn Dani und ich weggehen wollten. Für sie war eine Welt zusammengebrochen, als wir Bozen verließen. Alles war neu und unbekannt. Und nun wollten die Eltern auch noch verschwinden? Sie wusste sich nicht anders zu helfen, als mit Weinen ihre Not auszudrücken.

Am ersten April war es so weit: Mit Sack und Pack fuhren wir nach Stammheim, stürmten in die Wohnung, machten im Wohnzimmer einen Kreis und stampften wie wild auf den Boden. Dazu jubelten wir: »Herr Nachbar, jetzt chasch nüme recklamierä!«

Stammheim und s Nachzügerli

Ums Haus herum lagen noch riesige Dreckhaufen. Für die Kinder tat sich ein Paradies auf, für mich türmten sich Wäscheberge.

Endlich kam ich auf die Idee, »Dräckälichleider« einzuführen. Nur mit diesen durften sie auf die Berge klettern. Besonders beliebt waren die Tage, an denen es regnete. Dann sprangen die Lausmädchen voll Freude in jeden Tümpel. Joel wollte es ihnen nachmachen. Doch dummerweise blieben seine Gummistiefel im Schlamm stecken. Er kam nicht mehr aus der Pfütze, stand da und schrie lauthals nach seiner Mami. Der fiel nichts Besseres ein, als zuerst den Fotoapparat zu holen und einen Schnappschuss zu machen.

Bald lernten wir auch Nachbarn kennen: Monika mit ihren drei Kindern, Jacqueline, Denise und Christoph, der gleich alt war wie Manuela. Er war ein häufiger Gast bei uns. Seine und Manuelas Ideen überboten sich manchmal an Phantasie. War es regnerisch, fuhren sie zum Beispiel Rutschbahn im Haus. Vom Wohnzimmer führte eine steile Treppe zum unteren Zimmer. Dort drapierten sie mit meiner Hilfe eine Matratze als Schutz an die Wand. Manuela und Christof setzten sich auf eine kleine Matratze, bogen sie vorne hoch und holperten laut kreischend die Treppe hinunter.

Im Sommer wichen die Hügel einem Gemüsegarten und einer Wiese. Bald blühte ein Sonnenblumenmeer und im zweiten Jahr wuchsen unzählige Margeriten. Einen Teil konnten wir als Spielwiese benutzen. Daniel baute eine Feuerstelle. Christoph schleppte sein Indianerzelt herbei und stellte es daneben auf. Da es regnerisch war, saßen die Kinder im Zelt und hielten Stecken mit Würsten in die Glut. Monika meinte einmal: »Christoph roch öfters wie ein ›Räucherchnebeli‹, wenn er nach Hause kam.«

Als in der Nachbarschaft gebaut wurde und dort viele Familien mit Kindern einzogen, kam es hie und da vor, dass sich alle bei uns versammelten. Eines Tages schaute ich zum Fenster hinaus und erschrak. Ein Mädchen stand auf der Bockleiter. Vier Kinder hielten ein Leintuch, unter dem eine Matratze lag. Was hatten sie im Sinn? Ich öffnete das Fenster und hörte einen Buben den Befehl geben: »Spring!« Das Mädchen ließ sich ins Leintuch fallen. Das nächste Kind kam an die Reihe. Ich ging zu ihnen hinunter und fragte, was sie spielen würden. Ein etwa zehnjähriger Bub baute sich vor mir auf und erklärte: »Wir sind die Feuerwehr und machen eine Übung. Wir müssen Leute aus dem Feuer retten.«

Samuel war auch sonst mit einer großen Fantasie gesegnet. Am liebsten hätte er ein Flugzeug gebastelt. Mit Dani besprach er die Details, inklusive Startbahn. Dieser besorgte ihm einen ausrangierten Töfflimotor als Flugzeugmotor. Samuels Eltern waren gar nicht begeistert und erklärten Daniel, dass er ihren Sohn in seinen schrägen Ideen nicht auch noch unterstützen sollte.

Dani förderte auch unsere Kinder, wenn sie Ideen hatten, oder er war selber der Ursprung eines Abenteuers. Einmal in einem strengen Winter betrieb er mit ihnen Glaziologie. Sie klapperten alle Seen in der Umgebung ab. Von jedem Ort brachten sie ein Stück Eis nach Hause. Das beschrifteten sie, maßen die Eisdicke und stellten eine Rangliste auf. Ein anderes Mal – aber das erfuhr ich erst später – wanderten sie über die Eisfläche des Nussbaumer Sees zu einer kleinen Insel. Weil Dani nicht sicher war, ob das Eis halten würde, band er die Kinder an ein langes Seil. So erreichten sie die Insel, bestaunten den vom Biber gefällten Baum und gelangten sicher wieder ans feste Ufer. Sie hätten schon »Schiss« gehabt, erzählte mir Manuela.

Dani genoss es, den Feierabend mit Spielen, Geschichtenerzählen und Herumtoben zu verbringen. Das war ein guter Ausgleich zu seiner Arbeit mit Suchtbetroffenen und ihren vielen Problemen. Ein Spiel war zum Beispiel »Eins, zwei oder drei, letzte Chance vorbei«. Die Kinder verteilten drei Kissen auf dem Boden: Nummer eins, zwei und drei. Dani stellte ihnen eine Frage: »Welche Farbe hat das Auto unseres Nachbarn?« Er gab ihnen drei mögliche Antworten, die je einem der Kissen zugeordnet wurden. Alle sprangen hin und her. Welches war wohl das richtige? »Eins, zwei oder drei! Letzte Chance vorbei!« Jedes hatte sich für eine Antwort entschieden und sich vor ein Kissen gestellt.

»Stopp!«, rief Joel. »D Manu bschiisst! Die hät na s Chüssi gwächslät!« Aber sein Murren war unnötig. Als Dani die Lösung bekannt gab, stand sie als Einzige beim falschen Kissen. Die Punkte wurden verteilt und schon folgte die nächste Frage.

Der Abend wurde meistens mit dem Erzählen eines Bilderbuches abgeschlossen, damit die Kinder wieder zur Ruhe kamen und einschlafen konnten.

Vor dem Umzug hatte ich mich gefragt, wie wir uns in Stammheim wohl einleben würden. Bekannte hatten uns erzählt, dass die »Stammer« eher verschlossen und unfreundlich wären. Als ich das erste Mal mit unseren drei Kindern im Volg einkaufen ging, fragte mich die Verkäuferin:

»Sind Sie neu im Dorf?«

»Ja, gerade eingezogen. Im Neubau vom Hängärtner«, gab ich zur Antwort.

»Herzlich willkommen! Wollt ihr ein Sugus?«, fragte sie die Kinder.

»Ja!«, strahlten sie und streckten ihre Hände aus.

Beim nächsten Einkauf wurde ich zu meinem Erstaunen schon mit Frau Hofer begrüßt. Woher wussten die meinen Namen?

Mir gab die Freundlichkeit ein Gefühl der Geborgenheit. Also, wenn die Bewohner von Stammheim verschlossen und unfreundlich sein sollten, was waren dann die Leute in Leifers und Bozen gewesen? Wenn ich dort mit einem Kinderwagen ein Geschäft betreten wollte, erlebte ich es selten, dass mir jemand die Tür aufhielt. Meistens schlug man sie mir vor der Nase zu. Ich musste mit einer Hand die Tür aufstoßen und mit der anderen den Kinderwagen nachziehen. Gegrüßt wurde nicht, und mit den Südtirolerinnen in Kontakt zu kommen war sehr schwierig. Sie hielten mich auf Distanz, und wenn sie erfuhren, dass ich nicht katholisch war, spürte ich manchmal sogar Abneigung.

Aber zurück nach Stammheim: Durch den Besuch in der Chrischona, einer evangelischen Freikirche, lernten wir bald verschiedene Leute kennen. Besonders zu einem Ehepaar, Karin und Christof mit dem kleinen Stefan, bahnte sich eine Freundschaft an. Als sie ihr zweites Kind erwarteten, fragten sie mich an, ob ich Patin werde möchte. Ich freute mich, als ich den kleinen Jonas das erste Mal auf den Armen halten konnte

Die Gottesdienste fanden in einer alten Kapelle statt. Für die Kinder waren keine Räume vorhanden. Sie wurden in der Nähe in einem Schulhaus gehütet. Einmal holte ich unsere drei Kinder ab und wir spazierten zurück zur Kapelle. Alle Gottesdienstbesucher standen noch herum und schwatzen miteinander. Ich vertiefte mich in ein Gespräch mit Karin. Plötzlich stand Manuela vor mir und hielt mir freudestrahlend einen Strauß Tulpen entgegen.

»Wo hast du die gepflückt?«, fragte ich sie.

»Da, bei der Treppe!«, sagte sie mit einem Schluchzen in der Stimme. »Du häsch doch gseit, dass mir dörfet Blüemli nee.«

Wir hatten bereits die Feldwege entlang Blumensträuße gesammelt. Also war es für sie klar, dass sie auch hier das Gleiche machen durfte.

Ich kniete nieder und nahm Manuela in die Arme und sagte: »Diese Blumen gehören jemandem, der sie gepflanzt und gepflegt hat. Darum müssen wir sie stehen lassen. Aber wenn wir an einer Wiese entlanggehen, da dürfen wir Blumen pflücken. Das verstehst du, oder?«

Eifrig nickte Manuela und hüpfte getröstet davon. Woher hätte sie das auch wissen sollen? In Bozen hatte es keine Gelegenheit gegeben, um Blumen zu pflücken.

Dani lebte sich gut in seine Arbeit ein. Jahre später meinte er einmal: »Ich staune schon, dass sie mich angestellt haben, obwohl mir jegliches Wissen über Alkoholkranke fehlte.« Er führte nicht nur Beratungsgespräche, sondern leitete auch eine Betroffenen- und eine Angehörigengruppe. Da es eine Arbeitsstelle des Blauen Kreuzes war, musste er abstinent leben und dazu sogar seine Unterschrift geben. Begründet wurde diese Vorschrift damit, dass die Berater sich mit den Betroffenen solidarisieren sollten. Doch diese fanden das fadenscheinig, weil Dani jederzeit wieder Alkohol hätte trinken können. Sie mussten für immer verzichten, weil hinter dem ersten Schluck ein Absturz drohte.

Manuela begann im April 1991 den Kindergarten zu besuchen. Christoph kannte sie schon und zwei andere Mädchen waren ihr von der Kirche her bekannt. Als es Zeit wurde, an den Schuleintritt zu denken, hatte die Kindergärtnerin Bedenken. Manuela schien ihr für diesen Schritt noch nicht bereit zu sein. Auch die Schulpsychologin schlug eine Repetition vor. Sie hatte mit Manuela verschiedene Tests gemacht und ihr eine Geschichte erzählt: »Ein Bub kletterte an einem schönen Tag auf einen Baum. Plötzlich konnte er sich nicht mehr festhalten und er fiel herunter. Er hatte sich das Bein gebrochen, stand auf und rannte zu seiner Mutter, um ihr alles zu erzählen.« Als sie Manuela fragte, was das Besondere an dieser Geschichte wäre, antwortete sie: »Diese Geschichte steht nicht in der Bibel.«

Im »kleinen« Kindergarten zu bleiben, würde für Manuela aber bedeuten, dass sie sich an neue Kinder gewöhnen müsste. Damals war der Kindergarten in zwei Stufen geteilt, die getrennt Unterricht hatten. Die Entscheidung riss uns – also vor allem mich – hin und her, und ich lag Karin unzählige Male mit den gleichen Sorgen und Gedanken in den Ohren. Sie ertrug das geduldig. Eine Aussage der Kindergärtnerin half uns, die Entscheidung für eine Repetition zu treffen: Manuela würde es in der Schule schaffen, aber sie wäre zu stark mit allem rundherum beschäftigt und könnte ihr Potenzial nicht abrufen. Irgendwann könnte sich das so auswirken, dass sie doch noch ein Jahr wiederholen müsste.

Als wir Manuela davon erzählten, weinte sie bitterlich. Oh, war das schwer auszuhalten! Sie brauchte viel Begleitung, bis sie sich in der neuen Klasse wohlfühlte. Als sie dann mehr und mehr Freundinnen gewann, fiel es ihr leichter hinzugehen.

Natanja, die wie Manuela im April geboren war, schickten wir von Anfang an ein Jahr später in den Kindergarten. Nicht ganz selbstlos, denn sie und Joel konnten sehr gut miteinander spielen und sich unterhalten. Das erleichterte meine Aufgabe zu Hause.

Ich genoss es, dass ich endlich wieder durchschlafen konnte und meine drei Großen immer selbstständiger wurden. Als mir eines Morgens der Kaffee nicht mehr schmeckte und ich seltsam müde war, stieg eine Ahnung in mir auf. Richtig: Die Menstruation war seit einer Woche überfällig! Ein Schwangerschaftstest brachte den Beweis: Ich war schwanger! Wir freuten uns von Herzen an dem Geschöpf, das in mir heranwuchs. Als ich das erste Mal seine Bewegungen wie den Flügelschlag eines Schmetterlings spürte, stiegen mir Tränen in die Augen.

Im Juli 1993 besuchten wir eine Familienfreizeit auf dem Hasliberg. Ich war im achten Monat schwanger. Einige der erfahrenen Mütter hatten bei meinem voluminösen Bauch das Gefühl, dass ich jeden Moment gebären müsste. Sie stellten mir einen zweiten Stuhl hin, damit ich die Beine hochlagern konnte. Die dreijährige Livia erfreute uns mit ihren Kapriolen und Lebensfreude. So könnte doch unser Kind auch heißen! Für einen Buben konnten wir uns bis zur Geburt für keinen Namen entscheiden.

Nach den Sommerferien – der Geburtstermin nahte – begleiteten Dani und ich Manuela zu ihrem ersten Schultag und Natanja in den Kindergarten, auch das erste Mal. Nonna wartete auf meinen Telefonanruf, um sofort zu den Kindern zu kommen, wenn die Geburt losginge. Aber erst am Donnerstag gegen Abend spürte ich die ersten Wehen. Als meine Mutter da war, machten wir uns auf den Weg. Aber kaum waren wir im Spital angekommen, war alles wieder ruhig. »Gönd Sie namal hei. Und wenn s nöchscht Mal Wehe chömet, denn nehmet Sie es heißes Bad. Bliibets bestaa, denn isches Ziit zum cho.« Und schon waren wir wieder entlassen.

Tatsächlich wiederholte sich das Gleiche am nächsten Abend. Ich ließ mir ein heißes Bad ein und kam mir vor wie ein Walross, als ich mich in die Badewanne hievte. Aber die Kontraktionen blieben. Es dauerte im Krankenhaus noch vier Stunden, dann kam der erlösende Moment: Unsere kleine Livia war da! Kaum war die Geburt vorbei, hieß es: »So, jetzt chönd Sie go tuschä?« Wie bitte? Ich war so erledigt und sollte alleine unter die Dusche gehen? Ich schaffte es. Als ich frisch gekleidet mit der kleinen Bohne im Bett lag, war ich überglücklich. Sie schoben mein Bett in ein Zweierzimmer. Die Frau nebenan war Italienerin. Wenn Besuchszeit war, füllte sich das Zimmer mit ihrer ganzen Familie, und ein Geplapper und Lärm gingen los, so dass ich gelegentlich fliehen musste, weil ich es nicht mehr aushielt.

Ich genoss es in vollen Zügen, dass mich meine und Danis Eltern und die Geschwister besuchen konnten. Nun waren sie nicht mehr sieben Stunden Autofahrt entfernt. Natürlich kamen auch Manuela, Natanja und Joel zu Besuch. Jedes wollte Livia halten, aber dann wandte sich ihre Aufmerksamkeit schnell dem Spitalbett und dem Gerät zu, mit dem sie das Bett rauf und runter lassen konnten. Dani erzählte mir, dass Joel ihn zuhause gefragt hatte, ob man Livia nicht gegen einen Buben umtauschen könnte. Damit er jemanden hätte, mit dem er Fußball spielen könnte. Jetzt schien Joel mit einem Schwesterchen ganz zufrieden zu sein.

Nach sechs Tagen konnten Livia und ich nach Hause gehen. Gewöhnt an die weiße Umgebung im Spital, staunte ich über die farbenfrohe Wäsche in unserem Schlafzimmer. Dani hatte sie gekauft und mich damit überrascht. Am Abend lagen alle vier Kinder in unserem Bett. Gerührt standen Dani und ich daneben und freuten uns über unser Kleeblatt.

Auch wenn die Geschichte hier endet, ist sie natürlich noch weitergegangen. Es fehlen immerhin 26 Jahre bis zu unserem Geburtstag, Jahre von denen wir sagen können: Sie waren farbenfroh. Auch dunkle Farben kamen vor, aber sie haben es nicht geschafft, das Gelbe, Rote, Grüne, Blaue und Leuchtende zu übertönen.

Gott sei Dank!